50歳から始める「きれい!」の習慣

小林照子

きずな出版

はじめに

年を重ねて変わっていく自分と、仕方なく生きていくか？ 楽しみながら生きていくか？

この本を手に取ってくださったあなたは、今ちょっとだけ心に「迷い」や「戸惑い」を抱えていらっしゃるのではありませんか？

「自分ではいつまでも若々しい顔だと思っていたのに、スマホで友達と撮った写真は〝おばさん〟にしか見えなかった」

「自分に似合う色で毎日ていねいにメイクをしているのに、街の中に出ると自分の顔はどこか野暮《やぼ》ったい感じでイヤ」

「これは年のせいで肌がたるんできているから？　くすんできているから？　高

い化粧品を使っていないから？」

「いったい、何が原因なのだろう？　自分の中のこの『不満足』は、どうしたら解決できるだろう」

そんなふうに解決の糸口が見つからないまま〝メイクの迷子〟として過ごしている女性は、じつはとても多いのです。

私はメイクアップアーティストとして、この60余年のあいだに、それこそ数え切れないほどたくさんの方のお顔をメイクしてきました。

その経験から言わせていただくならば、やはり、メイクは自分の顔のコンディションに合わせて柔軟《じゅうなん》に変えていくことが一番です。

若いときは誰だって、肌にハリがあり、ツヤがあります。顔という土台は、自分史上最高の状態です。

その頃に覚えたメイクは、たとえそれが正しいメソッド（方法）によるメイクでなかったとしても、顔を華やかに、美しく見せてくれたことでしょう。

しかし、人間の皮膚というものは必ず老化していきます。ですから、どんな人でも、土台には補強が必要になってきます。

たとえば、年齢とともに乾燥気味になってきた肌には、うるおいを補給してあげる必要があります。ファンデーションが勝手に肌にフィットしてくれることはありません。

そして顔を彩《いろど》るメイクアイテムの色みも、〝いまの自分〟のよさを一番引き出してくれるものを選ばなければ、心から満足できる顔が仕上がることはないのです。

20歳のときのメイクを、いまも続けていませんか

私がかつて化粧品会社の社員だった頃、こんなクレームを受けたことがありました。

相手の方は50〜60代の女性です。

「この口紅、本当に以前と同じ色みでつくられていますか？　この番号の口紅は、前はもっといい色だったはずですよ。顔がすぐに明るくなったもの。でもこのあいだ購入したものは、私の顔に全然合っていないの。これ、色がボケている不良品なんじゃないかしら」

実際に口紅の色が変わっていたということは、ありません。
同じ口紅でも、その人の肌の色や状態によって、見え方は変わります。
同じ人でも、その日によって違うということもあります。
「自分に似合う口紅の色は、この色」と決めている方は多いでしょう。
でも、いつのまにか、それが変わっていることがあります。

あなたが初めてメイクをしたのは何歳のときだったでしょうか。
いまでは中高生でもメイクをすることが珍しくありませんが、いまの50代であれば、大学生になってから、あるいは、就職してから、メイクをするようになったという人が多いのではないでしょうか。

たいていの人が18〜20歳くらいで、初めてメイクを覚えたと思います。

そして、そのときに覚えたやり方で、いまもメイクしている、という人も、案外多いのです。

それで「口紅なら、この色」「アイシャドーは、この色」というように決めてしまうわけですが、20歳の頃といまとでは、肌の色やハリが違うということは、あなた自身もわかっているはずです。

いまの自分を輝かせたいと思ったら、いまの自分に合うメイクに変えていくことが大切です。

さあ、あらためて、〝いまの自分の顔〟を見てみましょう。

よくよく見てみると、思いがけないシワやシミを発見することがあるでしょう。思った以上に肌がくすんでいることに気づいてしまう、ということもあるかもしれません。

それは、20歳の頃より時間がたったということです。

それだけ、あなたが頑張って生きてきた証《あかし》、と言ってもいいかもしれません。

でも、自暴自棄になって、すっぴんで生きていく必要はないのです。

くすみやシワ、シミがあっても、メイクの技術で、「きれいな自分」を取り戻すことができます。

それが、この本で私があなたに、一番伝えたいことです。

これからの自分と楽しくつき合っていくために

くすみやシワ、シミがあっても、きれいな自分でいられる。といっても、メイクで顔の老化を隠す、ということではありません。

この本のタイトルでは『50歳から始める』としていますが、女性の50歳からというのは、更年期をすぎて、仕事を持っている持っていない、子どもがいるいないにかかわらず、自分のために使える時間が、それまでよりも取りやすくなる年代です。

子どもは大きくなり、自分のしたいことがしやすくなる年齢が50歳頃ではないかと思うのです。

更年期をすぎたところで、肌にも変化が見られます。

それに合わせたメイクを、私はご提案していきたいと思います。老化を隠すということでなく、いまのあなたに合わせたメイクをすることで、20歳の頃の自分にも負けないくらい、あなたを輝かせることができるのです。

自分の魅力を引き出すためには、自分自身が自分に対して「プロデューサーの目」を持つことです。

年を重ねた自分の顔と向き合うことは、時として、とても酷《こく》なこともあります。

でも少し冷静な目を持って、鏡の中の自分の顔を見つめてみてください。

そのファンデーション、その眉、その口紅。

本当に、いまのあなたに合っていますか？

いまのあなたの肌に、そして、いまのあなたの笑顔にマッチしていますか？

もし、少しでも違和感を覚えたのであれば、それはあなたにとっての「メイクの変えどき」のサインです。

また、あなたの表情筋は、あなたの喜怒哀楽をしっかり表現できているでしょうか。いつのまにか衰えていて、表情が乏しくなってはいませんか？

これまでの自分に対するイメージを捨てて、新しい自分のプロデュースに力を入れていきましょう。


いま、私は84歳になりました。

私の肌や髪を見て、「とても84歳には見えません」と言っていただくのは嬉しいことです。でも、じつは私が普段していることからしたら、これは当然のことなのです。

私が続けている洗顔法や髪のお手入れ方法を実践していけば、あなたにも同じ効果が表れます。そして、それは、決して難しいことではありません。

そのために大切なことは、まっすぐ今の自分に向き合うこと、そして自分に愛情を注ぎ、ていねいに扱うことです。

人は何歳になっても、変われるのですよ。

人生100年時代のいま、人生の第二章は「変わろう」という気持ちを心から持ったときに始まるのです。

小林照子

目次

contents

第2章

あらためて、ベースメイクを学び直す

第3章

輝く瞳で、明るい表情をつくる

第4章

いくつになっても、女性らしさを捨てない

第5章

印象反転で、なりたい自分に変わる

第6章

美しい髪で、自信をキープする

第7章

自分スタイルで、幸せ度を上げる

編集協力　赤根千鶴子
イラスト　藤原千晶

第1章

まずは、きれい肌を取り戻す

スキンケア商品、メイクアップ道具は何を使うかより、どう使うか

50歳からの美容の根幹にあるべきもの——。
それは、私は〝ていねいさ〟ではないかと思います。

・年齢を重ねてきた肌を、毎日ていねいにケアすること。
・そして毎日ていねいにメイクをすること。

この2つにすべてが凝縮されています。

私はよく「いま一番評判のいい化粧水は何ですか？」「いま人気のある口紅はどの何ですか？」と、化粧品についての質問を受けることがあります。

でも、そのたびに思うのです。評判のいいもの、人気のあるものにくわしくなるのが美容ではない、と。世間で「いい」と言われているものを買いさえすれば、明日から若々しくなれる。そんなミラクルは、この世にはありません。

肌は自分の手でいつくしむもの。
顔は自分の手で描くもの。

商品に頼るのではなく、自分自身で年齢に合った「容貌の美しさ」を育てていく。それが美容です。

ここで、あらためて「肌の仕組み」について少しお話をしておきたいと思います。

年齢を重ねれば重ねるほど、肌はこんなふうに変化していく。だから私たちは肌をこんなふうにケアしたほうがいい。理論がわかった上で行う美容動作のほうが、気持ちの入り方も全然違うでしょうから。

大人の肌の大敵、乾燥による負のスパイラルを断ち切る

私たちの肌は、じつはとてもかしこくできています。

寒ければキュッと縮んで、体温を外に逃さないようにしますし、暑いときは汗を流して、皮膚の表面を冷やします。

この汗に加えて肌は皮脂を出し、これが肌表面で混ざり合い、「皮脂膜」という1枚のベールをつくっています。皮脂膜は肌をなめらかにしたり、うるおわせたりするほか、殺菌作用もあるとされています。

また、肌にはメラニンという色素があります。

メラニン色素は紫外線を吸収して、肌の内部がダメージを受けないよう働きかけてくれます。

しかし肌は、特に女性の肌は、年齢とともに確実に皮脂分泌の量が減っていきます。また肌の水分保有量も減っていくので、何もしなければどんどん乾燥気味に傾いていくのです。

乾いている肌にはシワができやすくなります。

肌の表面をティッシュペーパー、ウェットティッシュに置き換えて考えてみましょう。ティッシュペーパーはクシャクシャにすると、シワが刻《きざ》まれるでしょう。でもウェットティッシュはクシャクシャにしても痕《あと》がつきにくいですよね。

これは肌も同じこと。肌にうるおいがないと、笑ったり、表情を変えるごとにシワが刻まれます。

でも乾燥とは無縁の、うるおいに満ちた肌であれば、そんなことを心配する必要はなくなるのです。

肌が乾燥していると、自分でもつらくなるときがありませんか？

顔がパリパリしていると、表情筋も動かしにくいでしょう。

でも、それが理由で「いつも無愛想な人」「いつも無表情で冷たい感じの人」「笑顔が少なくて何を考えているのかわからない人」といったイメージを周囲の人に与えるのは、マイナスにしかなりません。

大人の肌に油分、水分をたっぷり補ってあげるのは、乾燥による「負のスパイラル」を断ち切るため。そんなふうに覚えておきましょう。

50歳をすぎたら、シミができやすくなる？

私たちの肌の表面にあるのは「表皮」、その下にあるのは「真皮《しんぴ》」です。表皮は4層に分かれています。下から「基底層」「有棘《ゆうきょく》層」「顆粒《かりゅう》層」「角質層」です。基底層でつくられた表皮細胞は下からどんどん肌表面に押し上げられ、約14日かけて「角質細胞」になります。そのあと28日ほどかけて、垢《あか》としてはがれ落ちます。

つまり、肌の生まれ変わり（ターンオーバー）の周期はトータルで約42日（14日＋28日）ということになります。

しかし、年齢を重ねるにつれて、ターンオーバーはだんだん遅くなります。古い細胞が新しい細胞に入れ替わっていくことを「新陳代謝《しんちんたいしゃ》」といいますが、一般的に代謝機能は年齢とともに低下します。

古い角質がなかなかはがれないと、角質層は厚くなります。そして肌は透明感を失い、くすんでいきます。


また、ターンオーバーが乱れてくると、紫外線から肌を守る「メラニン色素」も排出されず、「シミ」となって表皮の中に残ります。

メラニン色素を生成する「メラノサイト」という細胞は、表皮の一番奥、表皮と真皮の境目にある「基底層」にあります。

真皮に紫外線が届かないよう、ここでメラニン色素をつくって真皮を守っているのです。

メラニン色素はターンオーバーによって「角質層」へと上がっていきます。そして、やがては排出されていくのですが、ターンオーバーが乱れてくると表皮細胞の中に蓄積してしまい、「くすみ」になります。

さらに、年齢とともに基底層の「基底膜」も弱くなっていきます。すると、その下にある真皮にメラニンが落ち、「シミ」になって残ってしまうこともあります。

肌はいつも、一生懸命です。

つねに生まれ変わって新しい、美しい肌であろうとしますし、肌の内部（真皮）を紫外線から守るためにメラニン色素を生成するのですから。

でも、頑張り屋の肌にも長年の疲れは出てくるものです。

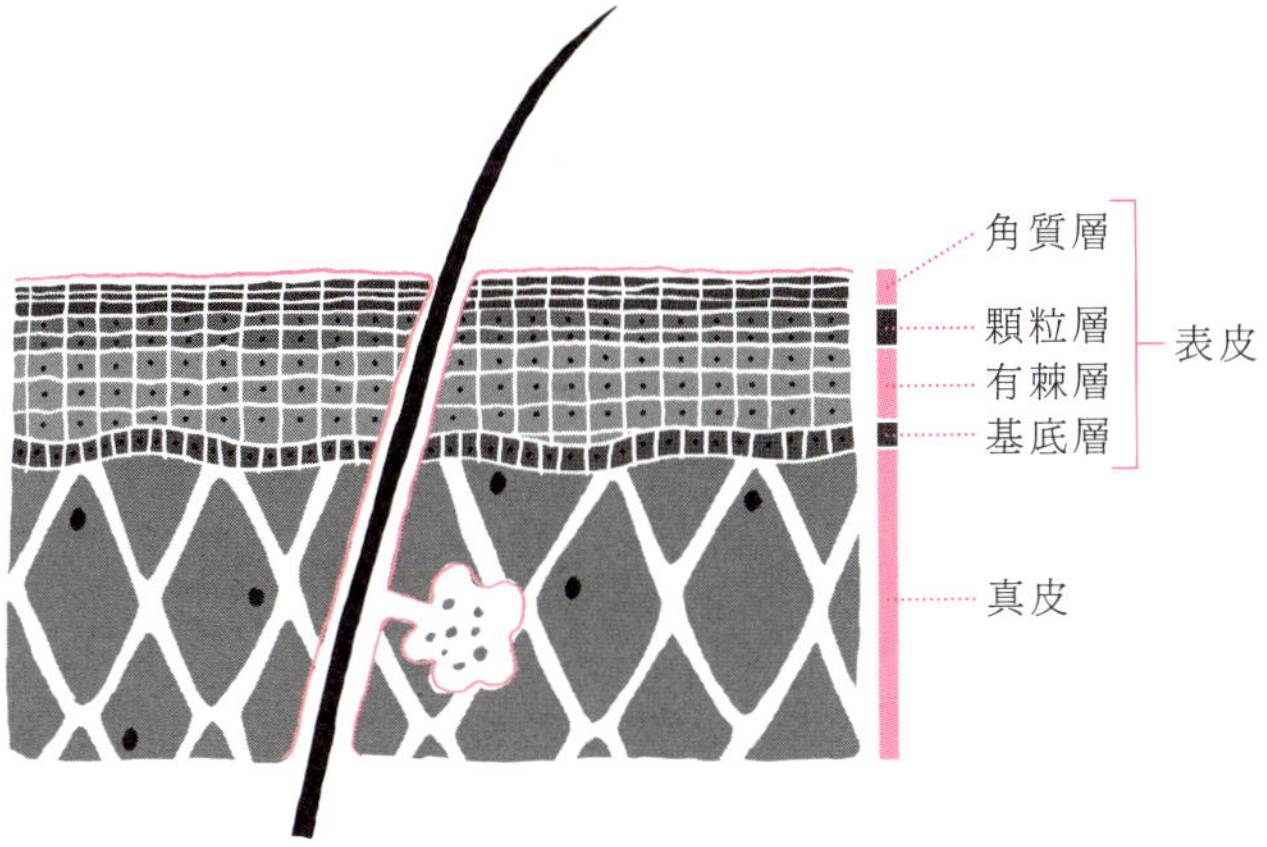

「もう、そんなに頑張りすぎないでいいよ」

私たちがＵＶ（ウルトラバイオレット＝紫外線）ケアを行うのは、自分の肌にそう声をかけてあげるためです。

ＵＶケア製品を使ってきちんと紫外線をブロックすれば、肌がメラニン色素を過剰に生成するのを抑えることはできます。

そして新陳代謝の機能低下に対しては、「マッサージ」をいつものケアに取り入れることで、肌の生まれ変わりを促すことはできるのです。

「めんどうくさい」という言葉を口にするのは、損です。

からだの老化、肌の老化はきちんと受けとめること。

自分自身で、自分のからだを、自分の肌をサポートしていく気持ちこそが大切なのです。

きれい肌のベストコンディションは、お風呂上がりの自分の素顔

肌のコンディションが一番いいのは、いったい、いつでしょうか。

それは「お風呂上がり」です。湯船で温まったあとは血行もよくなって、肌もバラ色に輝いていています。汚れも取れて、水分も満ち足りています。

きっとシワやたるみも感じさせないほどに、肌がふっくらしていることでしょう。皆さんにも、そんなお風呂上がりの自分の素顔を、一度よく眺めてほしいと思います。

頬が紅潮した自分の素顔、「かわいい」と思いませんか？

このお風呂上がりの顔をよく覚えておいてください。この顔は、あなたの肌がベストコンディションのときの顔。この顔を、毎日の「美容」でつくってキープ

していきましょう。

肌にそっと触れてみてください。水分も油分も足りた肌はプルプルしているでしょう？

もし翌日の朝、このプルプル感がなくなっているのなら、それは乳液や化粧水でつくればいいのです。

お風呂上がりに鏡に近づいて、肌をよく見てください。

血色のいい肌の美しいこと！

でも翌日メイクをするとき、顔に元気な血色がないのであれば、チークカラーで血色を演出すればいいのです。

愛してあげましょう、お風呂上がりのあなたの顔を。

そしてお風呂上がりの顔を、毎日あなたの手でつくり上げていきましょう。

そうすれば一番自然で、健康的な顔ができ上がるはず。そこに自分らしいメイクを足していけば、年齢など、いくらでも飛び越えることができるのです。

これは84歳の私が言うのですから、間違いありません。

肌のくすみ、むくみは、どうしてできる？

肌は「生きもの」です。

元気な肌を育てていくためには、肌に酸素や栄養が行き渡るようにしてあげることも必要です。

肌に酸素や栄養を届けてくれるのは「血管」です。

真皮にある「毛細血管」が表皮細胞に酸素や栄養を送り、表皮細胞が不要になった二酸化炭素などの老廃物を回収しています。そして、その老廃物は静脈へと送られます。

しかし、血行（血の流れ）が悪くなると、表皮細胞に酸素や栄養が行き届かなくなります。

血行が悪くなると老廃物の回収もスムーズにいかなくなるので、老廃物がたまって肌のくすみはひどくなります。

血行が悪くなるのは、冷えや睡眠不足、ストレス、あるいは更年期のホルモンバランスのくずれなどさまざまです。

また、からだの中には動脈、静脈という血管のほかに「リンパ管」も張りめぐらされています。リンパ管は毛細血管からしみ出た水分（組織間液）を回収し、鎖《さ》骨《こつ》の下の静脈角で静脈に戻しています。

しかし血行が悪くなると、リンパの流れも悪くなります。

リンパの流れが悪くなると、水分の回収がうまくできなくなり、顔の「むくみ」につながります。

むくみがひどくなると、その重みで「たるみ」にもつながります。

たるみは決して、肌の老化だけが原因ではなく、血行不良も原因なのです。

この問題を解決するには、顔まわりの「血のめぐり」をよくしてあげることが一番です。

血液の循環がスムーズになれば、肌のすみずみに酸素と栄養は行き渡り、老廃物や水分は排出されていきます。

では肌の血行をよくするために、私たちは何をすればいいでしょうか?

次項からは皆さんに実践していただきたい、具体的な美容テクニックを中心に、お話していきたいと思います。

フェイシャルマッサージで、「たまらない肌」をつくる

私はいまから約40年前、１９８０年に『ザ・ベスト・メイキャップ』（講談社）という美容本を出しました。

それまで、日本にはその時代にふさわしい、日本人女性のための美容理論、スキンケアテクニック、メイクアップテクニックを網羅《もうら》した美容大全はありませんでした。その意味で、『ザ・ベスト・メイキャップ』は、当時大きな話題となり、その内容は40年たったいまにも通じるものです。

メイクアップアーティストで、「先生の『ザ・ベスト・メイキャップ』が私のバイブルです」と言ってくれる人もいて、私にとっては嬉しいばかりです。

メイクやヘアスタイルに流行はありますが、肌の基本は変わりません。むしろ

年月を経て、そのやり方が間違いでないことの証になります。

その『ザ・ベスト・メイキャップ』でも紹介していますが、顔まわりの血行をよくするためにしていただきたいのが、毎晩クレンジングで肌の汚れを取り去ったあと、フェイシャルマッサージをすることです。

肌に汚れや角質がたまらないように、きっちりクレンジング。そしてフェイシャルマッサージ。血行の悪くなってきた肌に、ていねいにマッサージをすることによって血行を促《うなが》します。

そうすることで、肌に酸素と栄養が行き渡るようサポートしてあげるのです。

肌の血行がよくなると、新陳代謝もうまくいくようになります。

肌の中に余分な老廃物や水分がたまりませんように。

そして新しい肌細胞が育ち、いきいきと美しい肌になりますように。そんな願いをこめながら、肌をやさしくマッサージしてあげましょう。そのあとは、ホットタオルでクリームをやさしく拭き取るだけ。

加齢とともに抱える問題によって、私たちの肌は明らかに〝若い頃とは違う肌〟になっていきます。しかしそのような状況を、私たちは「知恵」で解決することができるのです。

50歳をすぎたら心がけたいことは、「ためないこと」だと私は考えています。

- 不満をためないこと
- ストレスをためないこと
- 汚れをためないこと
- 老廃物をためないこと

毎日、心にも肌にも「余分なもの」をためない。

次の日まで持ち越さない。

そうして自分の基盤を「マイナス」に落とさない努力をしていくことが、「美しく生きていくこと」につながるのではないでしょうか。

家に帰ったらすぐに「素顔」に戻りましょう。

顔まわりの血行をよくするためのフェイシャルマッサージ自体は、じつは『ザ・ベスト・メイキャップ』を出版したときにはには、すでに編み出していたものです。

その後、私が気づいたのは、マッサージとクレンジングを合体させたほうが肌にとってはよりよいケアになる、ということ。

そこで、「クレンジングしながらマッサージできるクリーム（ニリヤ マッサージクリーム）」を私は開発しました。

このクリームのよいところは、メイクや毛穴の汚れをすばやく取り除くのと同時に、肌の血行を促進し、肌の新陳代謝を高めてくれるところにあります。

私はいつも仕事が終わって家に帰ると、まず「ニリヤ マッサージクリーム」でメイクを落とします。

服を脱いで部屋着に着替えるように、「社会に出ているときの顔」から「素の顔」にきちんと切り替えるためです。

それから、クレンジングのクリームをいったん拭き取って、さらにクリームをたっぷり手にとって、ほのかなラベンダーの香りを吸いこみながらゆっくりマッサージ。

この時間を持つと、心がとてもリラックスできます。

顔をマッサージするときに注意したい5つのポイント

顔のマッサージをするときの注意点は、5つあります。

(1) 力を入れすぎない
(2) 時間をかけすぎない
(3) シワには直角に
(4) 目もと、口もとはとくにていねいに
(5) 指を往復させない

一つひとつ、順に説明してきましょう。

（1）力を入れすぎない

まず、指に力を入れないこと。そのために潤滑油としてのクリームがあるのです。

汚れを取り去るために、肌をこする必要はないのです。こするのではなく、軽くなでるように指を動かしていくことが大切です。

（2）時間をかけすぎない

マッサージはあまり長時間は行わないこと。時間的には2～3分ですましたほうが、肌に負担がかかりません。

（3）シワには直角に

シワに対しては直角に指を動かすこと。額の横ジワが気になるのなら、そのシワの溝がなくなるように指を動かしながら、縦方向にマッサージしてください。

（4）目もと、口もとはとくにていねいに

目もとはとくに皮膚が薄く、シワになりやすい部分です。極力軽くマッサージするようにしてください。

目もとはまず、人差し指と中指で眉頭をはさみこみ、眉間を広げるように、眉頭から眉尻に向かって指圧します。

そのあと、中指と人差し指で目のまわりを軽くマッサージしてください。上まぶたから下まぶたへ、です。目頭から目尻を通って、ぐるりと目頭へ戻る感じで指を動かすのです。

続いて口もとは、笑いジワのできやすい部分です。

まず親指をあごの下に安定させ、中指を鼻の下中央から口角に、下唇の下は口もと中央から口角を引き上げるようにマッサージしてください。

そして中指を鼻の下に、薬指と小指を口の下に置き、唇の上下をはさんで、口もとのシワを中央から横に向かって伸ばすように指を動かしましょう。

目は「眼輪筋《がんりんきん》」、口は「口輪筋《こうりんきん》」というドーナツ状の筋肉に取り囲まれています。

シワが放射状にできるのはそのためです。そのため、なるべくこの〝ドーナツ〟の形にそって、マッサージをするのです。

(5) 指を往復させない

筋肉は植物の葉の葉脈のようなもので、一方通行です。なので、マッサージも「一方通行」が基本です。

指を往復させることは、筋肉の流れに逆らうことになりますから、シワの原因になります。また筋肉は、顔の中心部から外へ外へと流れています。

そのためマッサージも「外へ外へ」が基本です。

額も、頬も、あごも顔の内側から外へ。これを意識してケアしてみてください。順番としてはまず目もと、口もと。そのあと額、頬、あごと指を動かしていくのが効果的です。

このマッサージは仕事から帰ってきたとき、あるいはお風呂に入るときや夜眠る前に行うのがオススメです。肌のくすみが気になるときや肌が乾燥しているなと感じたときは、夜だけでなく、朝のメイク前にもやってみてください。

マッサージすることで、肌も気分もすっきりします。肌がうるおった状態でメイクすることになるので、もちろん「化粧のノリ」もよくなります。

前日にお酒を飲んだり、水分を取りすぎたときなどは、翌朝むくみやすくなるものですが、むくみを取る効果もあります。

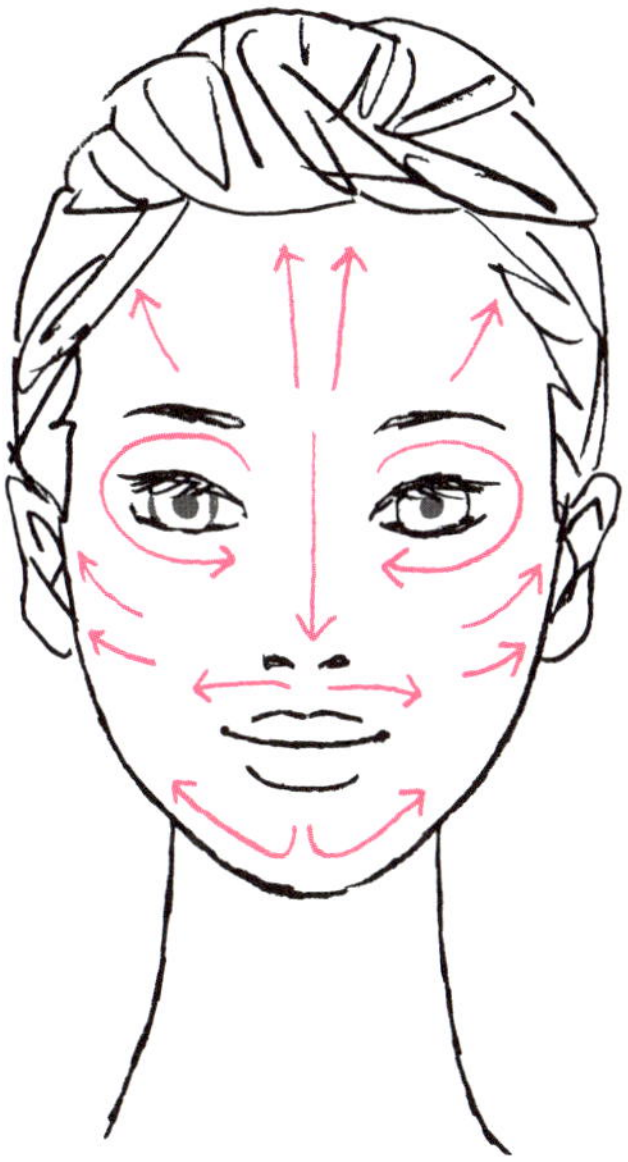

マッサージは矢印に従い、
内側から外側へ一方通行に。

マッサージの仕上げは、ホットタオルで「温ケア」

マッサージが終わったら、クリームはティッシュで軽く吸いとらせてから、次にホットタオルで拭き取りましょう。

ホットタオルは、家にある普通のフェイスタオルで簡単につくれます。


タオルを2枚、用意してください。

縦二つ折りにし、水で濡らしてゆるく絞ります。耐熱皿にのせ、電子レンジで約1分加熱します。

顔にのせると少し熱いかな、と感じるくらい（温度としては40〜42度くらいがベスト）の〝蒸しタオル〟ができ上がります。

一度のマッサージで、タオルは2枚使用します。

まずは1枚目のホットタオルをつくり、顔をぐるりと包みこんでみましょう。

額から左頬に、そして、あごのところで内側にタオルを折り返して右頬にものせて、鼻以外はタオルで覆ってしまうのです。

額を頂点とする三角形を二つ折りタオルでつくり、顔の上にのせるようなイメージです。そして、そのまま10秒キープ。

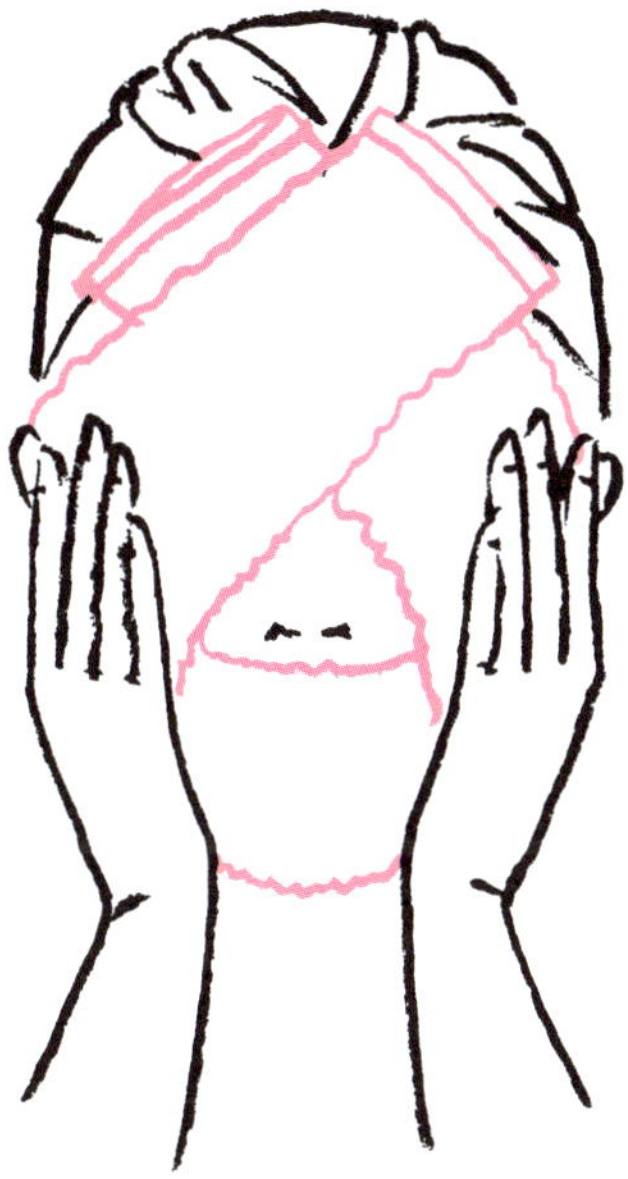

タオルの蒸気で毛穴が開き、汚れが浮き出てくるのと同時に、タオルの熱で血行が促され、肌の血色がよくなります。

そのあと、タオルのきれいな部分を使って、クリームをやさしく拭き取ってください。

もう1枚のホットタオルで、同じことを繰り返して終了です。

このように、大人の肌はまず〝クレンジングしながらマッサージできるクリーム〟と〝ホットタオル〟で「温ケア」。

もちろん、忙しいときは無理する必要はありません。でも、一度ホットタオルの気持ちよさを知ってしまうと、たぶんやめられなくなると思いますよ。

温ケアのあとは、冷たい化粧水で「冷ケア」

「温ケア」で毛穴の汚れが取れ、肌が温まって血行がよくなったら、次は「冷ケア」。

ホットタオルで開いた毛穴を、冷たい化粧水でキュッと引き締めてあげるのです。

「冷ケア」に進む前に、清潔な肌に栄養を与えてあげることも大切です。

肌に栄養を与えてくれるのは美容液です。

じつは1975年に美容液を世界で初めて考案したのは、何を隠そう、この私です（全然、隠してはいないのですけれどね〈笑〉）。

化粧品会社在籍中につくった美容液はゲルタイプのものでした。

しかしその後試行錯誤を繰り返して誕生させた、私の最新美容液（ニリヤ ビューティワンセラム）は乳液タイプ。

乳液タイプのほうが、皮脂腺になじみやすいからです。

私は仕事柄、いままで多くの保湿成分の研究をしてきましたが、その中でも「マルメロ」という果実の保湿成分は群を抜いています。

マルメロの実の種子（クインスシード）は水に浸すとトロンとした濃厚なゼリー状になり、保湿力の高い美容成分になるのです。

そこで私の美容液にもマルメロの保湿成分をたっぷり配合しています。この保湿成分が弾力のある肌へと導いてくれるせいか、私の肌はいつも元気です。


いよいよ「冷ケア」です。

開いた毛穴を化粧水で引き締めると、しっとりしたうるおいが閉じこめられて、長持ちします。

私が愛用しているのは、「ニリヤ ビューティプロセス ビューティオーラ」。これはミストタイプの冷感化粧水です。

肌にシュッと吹きかけるだけで肌を引き締め、うるおい成分が肌にハリと弾力を与えてくれます。

毛穴が引き締まるとフェイスラインもキュッと引き締まりますから、若々しい小顔効果もあり、気分がアップします。

この「温冷ケア」は女性だけでなく、ぜひ男性にも実践していただければと思います。

日本にうるおい美肌の男性たちがたくさん増えたほうが、私たち女性も楽しいではないですか。

洗顔はぬるま湯で、夜より朝のほうが大事！

夜、肌の汚れをきれいに取り去り、化粧水で毛穴を引き締めたら、そのあと洗顔する必要はありません。もちろんお風呂などでクレンジングとマッサージをした場合は、そのあと洗顔もしたくなりますよね。その場合は洗顔でさっぱりしていただいていいと思います。

私は、洗顔は「朝」が重要だと考えています。朝起きて、メイクをする前にまたきちんと汚れを落としてほしいのです。

肌はつねに呼吸をしていますから、夜のあいだに外気中の汚れを吸収しています。

また皮脂が分泌されていますから、ほこりや雑菌が吸着しやすい状態なのです。肌表面からは古い角質や垢も出てきます。洗顔をおざなりにしていると、こうした汚れが肌の上に枯葉のようにたまり、新しい皮脂が毛穴から出にくくなってしまいます。

「メイクは洗顔で肌を清潔にしてから取りかかるもの」

そのことを再認識していただきたいと思います。

冬の少し寒い時期だと、熱いお湯で洗顔するという方も多いでしょう。でも熱いお湯で顔を洗うと、熱さのために肌がゆるみ、毛穴が開きすぎてしまいます。そうなると、シワになりやすくなるということをよく覚えておいてください。

また、熱いお湯は皮脂を取りすぎてしまうので、肌の老化も進んでしまいます。しかし、冷たい水で洗うのもオススメできません。

冷たい水で洗顔すると毛穴が縮んで、毛穴の中の汚れが落ちにくくなってしまうからです。

一番いいのは、ぬるま湯で洗顔することです。そして、できるだけ肌に負担がかからないよう、「泡で洗う」という意識を持つことです。

私が開発した「ニリヤ クリーミィ洗顔 泡リッチ」は豊かに泡立ち、汚れをしっかり落としながら、うるおいのある肌に導いてくれる洗顔料です。

1センチくらいの量のクリームを手の平でしっかり泡立てて、マッサージをするときと同じように、泡を顔の中心から外側に向かってらせんを描くように伸ばしていきましょう。

ちなみに、首すじも汚れやすい部分です。顔だけでなく、首すじにも泡を伸ばしましょう。そして目のまわりなど、皮膚が薄くてとくに敏感な部分は、最後に軽くなでるようにして洗います。

洗顔するとき、肌は決してゴシゴシこすらないこと。

また、すすぎは十分に。肌に洗顔料が残っていると、肌荒れの原因になります。

スキンケアの仕上げは、乳液で締めくくる

朝と夜の理想的なスキンケアについて書き出しておきます。

●朝

①　洗顔
②　美容液
③　化粧水
④　乳液

●夜

①　クレンジングマッサージクリーム

② ホットタオル
③ 美容液
④ 化粧水
⑤ 乳液

朝も夜も、最後は乳液で締めくくる。これが一番の美肌への近道だと私は考えています。

人の皮脂膜には水分と油分が含まれています。つまり肌は元来備わっている「天然のクリーム」で覆われているのです。

ところが前述したように、年齢とともに肌の水分も油分も減少してきます。

美肌を保つためには水分、油分の補給が必要です。その役割を1本で果たしてくれるのが「乳液」なのです。

乳液は肌に水分を与えてくれますし、また油分も含まれているので、肌にうるおいを与えてくれます。

私はいつも乳液とコットンは持ち歩くようにしています。そして手、首すじ、顔に乾きを感じたら、コットンに乳液を含ませて、肌に塗布するようにしています。

乳液はクレンジングの代役も果たしてくれます。

たとえば出先でアイラインやマスカラのにじみが気になったときは、少量の乳液で拭き取ってからメイク直しをします。

乳液の油分がメイクアップアイテムの油分と混ざり合って、にじみがきれいに取れるので便利ですよ。

乳液は本当に万能なスキンケアアイテム。朝、時間がなくて大変なときは、「洗顔→乳液」でスキンケアするだけでもかまいません。そのかわり乳液をていねいに肌になじませてください。

顔にシワをつくりたくなかったら、肌を絶対に乾かさないことが大切なのです。

第2章

あらためて、ベースメイクを学び直す

まずは下地クリームで、肌の表面を整える

マッサージ、「温ケア」「冷ケア」といったスキンケア・レッスンの次は「ベースメイク」のレッスンです。

肌を美しく演出するには、やはりファンデーションの前に塗る下地クリームを厳選したいものです。

50歳からの肌のベースに必要なのは、うるおいとツヤ。これにはまず、下地クリームを使うのが一番です。

私がつくった日中用保護クリーム「ハッピーメイク プリズムエッグ」は、ブラシでサッと伸ばすだけ。それだけで肌にうるおいもツヤも生まれるので、とても便利です。

「ミツロウ」という言葉を聞いたことがありますか？　ミツロウとは、ハチミツをとったあとのミツバチの巣に熱や圧力を加えて採取するロウ（ワックス）のことです。カヌレなどのお菓子づくりなどにも使用される、とてもからだにやさしい素材です。

プリズムエッグはこのミツロウを中心に、ハチミツやローヤルゼリーを配合し、肌をしっとりと保湿し、なめらかに保護するよう開発してあります。

スキンケアしたあとは、日中用保護クリームで肌の表面を整えてください。

ブラシで顔の内側から外側に向かってスッ、スッと全体に伸ばしていくだけです。

顔に上品でつややかな輝きがプラスされていくと思います。これは、白金（プラチナ）成分も配合しているからです。

また「ＳＰＦ20　ＰＡ＋＋」ですので、紫外線対策も同時にできます。

ちなみに、「SPF」というのは「紫外線B波」を防ぐための数値で、数字が大きいほうが防ぐ効果が大きいことを表しています。

「PA」というのは「紫外線A波」を防ぐ効果です。こちらは「+」が多いほうが、紫外線A波を防ぐ効果が高いのです。

肌に悪い影響を与える紫外線は大きく2つに分けられるのですが、そのどちらにも対応しているということですね。

薄く肌に伸びて、ぴったり肌に密着する下地クリームで肌の色ムラなども整えると、とても気持ちがいいでしょう。

この1枚のベールこそが快感。

「これを塗るようになってから、厚塗りメイクをしなくなりました」

そうおっしゃる50代以上の女性が多いので、最近びっくりしています。

自然なツヤ肌になるので、〝そのまま〟のほうが周囲に褒められるのですって。

なるべく素肌でいたい日は、この上にファンデーションもお粉ものせないで、
〝すっぴんぽい肌〟で過ごすことをおすすめします。
〝大人のすっぴん美人〟なんて、最上級にかっこいい！
基盤がきっちり整えば、〝自分が思うとおりの自分〟は、いかようにも演出して
いくことができるのです。

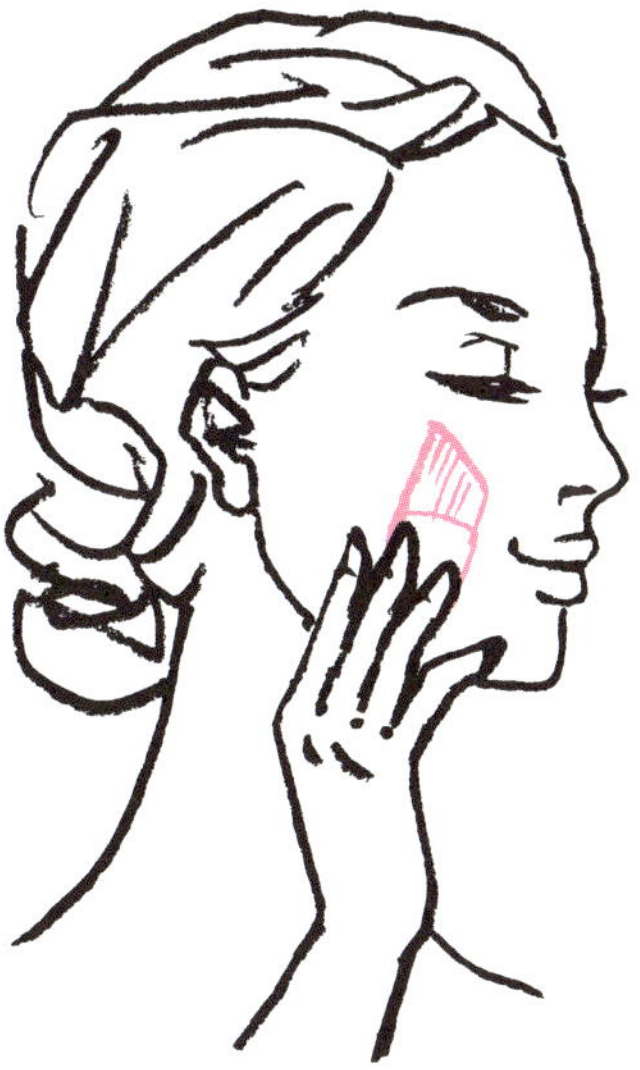

ファンデーションは
その日のコンディションで変える

下地クリームの次は、ファンデーションです。

ファンデーションには、クリームタイプやパウダータイプなどの種類がありますが、どれを選ぶかは、「どんな肌を演出したいか」によって決めるのがいいでしょう。

そもそもファンデーションというのは、皮膚にとって不可欠な成分である「水分」と「油分」がベースになっています。

その中にメイクアップ効果を出すための「顔料《がんりょう》（着色に用いる粉末）」などが加えられているのです。

「水分」「油分」「顔料」、おおまかにこの3つの成分のそれぞれの量の違い、質の違い、製法の違いなどから、ファンデーションはさまざまな種類に分かれています。

大きく分けると、一般的には次の3タイプになります。

●クリームタイプ（つややかで、フォーマルな仕上がり）

「水分」「油分」「顔料」のうち、「油分」のウエイトが大きいもので、クリームのような形状です。

油分が持つ特性「つややかさ」「ハリ」があり、しっかりとしたカバー力のある膜をつくります。着物を着たり、フォーマルな場所に出る等、きちんとメイクアップする必要のあるときに最適です。

●パウダータイプ（さらっとした、軽やかな仕上がり）

「顔料（パウダー）」の特性を生かしたファンデーション。特別な方法により「水分」「油分」で「顔料」を湿らせてくるんだ〝ウェットパウダー〟を固形にしたものです。

粉の特性である「軽やかさ」「ソフトさ」「さらっとした感触」が生かされています。スピーディーにメイクを仕上げたいときに。

●リキッドタイプ（みずみずしい、しっとりした仕上がり）

「水分」「油分」「顔料」のうち「水分」のウエイトが大きいもの。

乳液のようなファンデーションなので、薄くナチュラル。「うす化粧」に見せたいときに最適です。


この年齢になったら、このタイプのファンデーションを使わなければならないなどといった決まりはありません。

自分の肌の状態とファンデーションとの相性、演出したい肌タイプなどを総合的に考えて、使用するものを決めればよいと思います。

もっと言わせていただくならば、その日ごとに、使うファンデーションは違って当たり前です。

その日の用事によって、その日のファッションも違うでしょう。

そうすれば〝そのファッションに合わせた肌〟も必要になってくるはずです。臨機応変にファンデーションを使い分けることも大切なことだと思います。

化粧品の本来の目的は、「肌に足りないものを補うこと」です。

その観点からファンデーションを選ぶのであれば、いまの自分の肌のタイプとは逆のタイプのファンデーションを選ぶことが、賢明な方法だと思います。

カサカサの乾燥肌なら、しっとりしたクリームファンデーション。

少し乾燥が目立つ肌なら、少ししっとり感が出るリキッドファンデーション。

割合しっとりめの肌であるならば、さらさらタイプのパウダーファンデーション、という感じです。

厚塗りにならないファンデーションの「たたき伸ばし」

かつて日本では、気合いの入った〝ばっちりメイク〟が流行った時代もありました。

いまは〝粉っぽくない、ツヤっぽいメイク〟が主流かなと、私は感じています。スマホでの写真映えはするけれど、決して厚塗りではない。そんな肌が求められているのでしょうね。

時代遅れ感を出さないためにも、ファンデーションはなるべく重ね塗りをしたくないものです。

ファンデーションは適量をていねいに密着させていくこと。

そうすれば〝厚塗りおばさん〟になることは、絶対にありません。

そのためにはプロのテクニック「ファンデーションのたたき伸ばし」を覚えていただきたいと思います。

使うのは、人差し指、中指、薬指の指の腹です。

そして次の3つ「トントン」「トンスイ」「スイスイ」が基本です。

①トントン

紙などを軽くたたく感じです。

これは、シミやソバカス、ちょっとした傷、顔の赤みなどをカバーしたいときに行ってください。

たたきながらつけると、肌によくなじんで密着力も上がります。自然に見えて、ファンデーションがくずれることも少なくなります。

便利です。

（2）トンスイ

たたいたらすぐに横に指をすべらせます。ファンデーションを均一に伸ばし、ナチュラル肌に仕上げるなら、この方法が便利です。

（3）スイスイ

指を往復させずに軽くなでる感じです。ファンデーションを肌に伸ばし終えたあと、仕上げにスイスイと軽く表面をなでて均一にするときに使います。

〝薄くつけるときに便利な伸ばし方〟と覚えましょう。

顔の輪郭や目のまわりなど、薄くつけたほうがよい部分には、この方法がオススメです。

その他、色が濃くなりすぎたのを修正するときや、厚くついたものを薄くするときにも使えるテクニックです。この（1）～（3）のテクニックを使うとき、指についた余分な水分や油分を拭き取りながら行うとよいでしょう。

さて、ファンデーションをつけるときの最初の〝トントン〟は何のために行うのか、わかりますか？

すでに説明したように、ファンデーションは基本的に「水分」「油分」「顔料」でできているものです。そのため、〝トントン〟とたたいて「水分」を飛ばし、「顔料（パウダー）」を肌にピタッと密着させるために行うのです。

ファンデーションがくずれないように、もっと肌への密着度を高めたいときは、ティッシュを使うことがオススメです。

指でトントンしたあと、ティッシュで指の「油分」を拭き、再びファンデーションをトントン。こうすると「顔料」が重なるので、カバー力が増すのです。

これを繰り返せば、たいていのシミはコンシーラーなど使わなくても隠れてしまいます。

これはクリームファンデーションでも、リキッドファンデーションでも同じです。

またパウダーファンデーションは専用のスポンジなどでつける場合が多いかと思います。

スポンジでファンデーションをつけるときも「トントン」「トンスイ」「スイスイ」を組み合わせてやってみましょう。

この「トントン」を知らず、スポンジで「スイスイ」だけで仕上げるのが習慣になっている方も多いかと思います。

でも、「スイスイ」だけでは粉は肌に密着しません。

必ず「化粧くずれ」してしまいますから、最初の「トントン」を忘れないようにしてください。

そして、パウダーファンデーションをつけるときには、もう1つ注意したいことがあります。

パウダーファンデーションをスポンジで肌に塗布するのはよいのですが、目もとや口もとなど、笑ったときにシワになりやすい場所は、やはり最後は指でなじませてください。

指は、もっとも信用できるメイク道具なのです。

せっかくですから、フルに活用して、パウダーファンデーション肌を美しく仕上げましょう。

じつはパウダーファンデーションも、1976年に世界で初めて考案したのは、何を隠そう、この私です（これも全然、隠していませんが〈笑〉）。

何でも聞いてください。私は正真正銘の「生き字引」です。

コンシーラーに頼らなくても、シミは隠せる！

ファンデーションの塗り方、「トントン」→「ティッシュで指を拭き、トントン」を覚えたら、コンシーラーはあまり必要なくなると思います。

一生懸命ケアをしていても、年齢とともにどうしてもシミや肌の色ムラが目立ってくる場合があります。

でもあまりメイクが得意ではない方が「気になる部分」をコンシーラーでカバーしようとすると、かえってその部分が白く浮いたりして、そこだけが目立ってしまうことがあります。

鏡の前でメイクしているときは気づかないかもしれませんが、コンシーラーはやはりファンデーションとは異質のもの。

コンシーラーでシミは隠れますが、相当の上級者でない限り、遠目から見れば、隠したところは全部ポチッ、ポチッと顔の上に浮き出ているものなのです。

ですから私としては、コンシーラーはなるべく使わないで、ファンデーションをトントン重ねることをオススメします。

これなら、ファンデーションの上に色の違うものを重ねるわけではありませんから、「ティッシュで指を拭きながらトントン」をていねいに繰り返せば、大きなシミでも自然にカバーすることができます。

この小さな一手間が、あなたの顔から〝無理して若づくりをしている感じ〟を取り除いてくれるはずです。

50歳をすぎたら、ファンデーションは地肌よりも暗めの色を選ぶ

そうそう、ファンデーションの色を選ぶときのポイントについても、お話ししておきたいことがあります。

ファンデーションと一言でいっても、本当にたくさんのメーカーがあり、たくさんのブランドがあり、たくさんの色があります。自分の肌に一番ピタッとくる色を選ぶのって難しいですよね。

ファンデーションを購入するときは、できたらテスターなどを首すじに一塗りしてみるといいですね。

塗ってみるところは顔と首。人から視線を浴びる部分はなるべく同じような肌色にしておいたほうが、「あの人、顔だけ異様に白くない？」と言われるなんてこ

とにならないのです。

ちなみに、若い方なら、「首すじと同じ色」をオススメしますが、50代以降の方には、私はファンデーションの色みは「地肌よりも1段暗め」をオススメしています。

地肌よりも若干暗めの色のほうが、シミやソバカスが目立ちにくくなるからです。

それと、色を選ぶときのもう1つのポイント。

年を重ねるごとに「黄み」ではなく、「赤み」のある色を選ぶようにしたほうがいいでしょう。どうしても肌は、年を重ねると若い頃よりもくすんで、「黄み」が強くなってきます。

ですから赤みのある、ピンク系のファンデーションで血色を補い、顔が元気に見えるように演出するのです。

頬骨の上は、厚めのファンデーションでもＯＫ

人の顔は、やはり目の下から頬にかけてのゾーンが目立つもの。この頬骨の上の部分のくすみ、シミ、ソバカスはできるだけカバーしておきたいものです。

また毛穴が開いていると、まるでみかんの皮のようなブツブツ肌に見えてしまうことも。

そんなときはファンデーションの「トントン」を繰り返して、ちょっと厚めにカバーしてもいいでしょう。

頬骨の上の部分は、顔の表情の変化に合わせてシワができたり、消えたりする部分ではありません。

鏡の前で確認してみていただきたいのですが、「ニコッ」と笑っても、この部分が上にヒュッと上がるだけでしょう？

このように、〝動きの少ない部分〟は、そのときの肌の調子によっては、多少ファンデーションを厚めに塗ってもかまわないのです。

しかし目もとや口もとなど、顔の表情の変化によって大きく動く部分は、どうぞファンデーションは極力薄めに。

笑いジワができたときにファンデーションがピキッと割れたりすると、その部分が本当に悪目立ちしてしまいますから。

自分の血色に合ったチークカラーは、元気のある顔に見せてくれる

あなたは「チークカラー」を塗っていますか?

名画『風と共に去りぬ』で、主人公のスカーレット・オハラが、パーティーに出る際に、鏡に向かって自分の頬をつまんで赤くするシーンがあります。

バラ色の頬は、昔も今も、美人の必須項目です。

50歳になっても、もちろん、そこに変わりはありません。

「元気のいい顔」に見せるためにも、チークカラーは必ず使用しましょう。

20代ではパウダーチークを使う人が多いですが、50歳になったら、練り状のチークカラーがオススメです。

練り状のチークカラーは、リッチな感触になっています。パウダータイプのものよりも湿度があり、肌に密着するので、チークカラーでつくった「血色」が長持ちしやすいのです。

基本的なことですが、リキッドファンデーションやクリームファンデーションで肌を仕上げる場合、練り状チークはファンデーションのあとに使います。パウダーファンデーションの場合は、ファンデーションの前に使用します。そうしないとファンデーションがヨレてしまうからです。

使用するチークカラーの色みですが、これは「自分自身の血色」を基準に考えることが大切です。

片方の手で、もう一方の手の指先（人差し指〜小指）をギューッと握ってみてください。

指先の色が赤く変わるでしょう？

これが、あなた自身の「血色」です。

この血色は人によってはオレンジ色がかっていたり、ピンク色だったり、さまざまです。

そこに「いい色」「悪い色」はありません。

これがあなたの、皮膚を通した血の色なのですから、この色みを参考にチークカラーを選べば、一番自然な血色を演出できるのです。

チークカラーを入れる場所は、ニコッと笑ったときに一番盛り上がる位置へ

自分に合う色のチークカラーがわかったところで、今度は具体的な使い方を説明していきますね。

練り状のチークカラーも、ファンデーションと同じ。「トントン」「トンスイ」で、軽くたたきながら伸ばしていきましょう。

そしてチークカラーを入れる位置ですが、まず「ニコッ」と笑ってみてください。そのとき、自分の頬が一番高く盛り上がるところに、チークカラーをのせていきましょう。

チークカラーを指に取り、その一番高いところからこめかみのほうに向かって

チークカラーを伸ばしてみてください。

上に向かって、そして外に向かってぼかしていく感じです。

この位置にチークカラーを入れると顔の血色がよくなるとともに、顔に立体感が生まれます。

もちろん顔立ちにもよりますが、年齢が上がれば上がるほど、この「ニコッ」と笑ったときに一番盛り上がる位置に「赤み」をプラスしたほうが若々しく見えます。

もしもクリームファンデーションやリキッドファンデーションで肌をつくっている場合、チークカラーを塗ったあとはフェイスパウダーで肌を押さえて、ベースメイクを定着させます。

フェイスパウダーの量は、極力少なくすること。

そうしないと顔がとても粉っぽく見えて、そこまでのていねいな努力が台無しになってしまいます。

パフにパウダーを取ったら、両手でパフをよく揉みこむようにして、余分な粉は落としましょう。

皮脂分泌量が一番多い、鼻の頭からつけ始めます。

そして一度、顔全体を眺めてみましょう。

それでも顔にのっているパウダーが多いようでしたら、余分な粉はフェイスブラシで軽くなでて、落としてしまいましょう。

チークは笑ったときに盛り上がる
位置から、上に向かってぼかす。

第3章

輝く瞳で、明るい表情をつくる

目もとがたるんでくると、顔がさびしそうに見える

目のまわりは皮膚が薄いので、クマやくすみがとても目立ちやすい場所です。

とくに年齢とともに目もとがたるんでくると、顔もさびしい感じに見えがち。

50代からはアイメイクはグラデーションを大事にして、目もとにはいつも華やかな立体感を持たせるよう心がけましょう。

目もと用の化粧品というと「アイシャドー」というのが一般的な呼び名ですが、私は「アイカラー」と呼ぶのが正しいかなと思っています。

なぜなら目もとは「ハイライトカラー」と「アクセントカラー」と「シャドーカラー」の3色で構成するのが基本なので、別に影（シャドー）になる色ばかりがそろっているわけではないからです。

まず、ハイライトカラーは高く見せたいところに塗ります。

目もとのくぼみが気になる方は、ぜひアイホール全体に、パール入りの淡いピンクなどのアイカラーを指でなじませてみてください。

そして次に上まぶた半分くらいにアクセントカラーを。

最後に、目のキワにシャドーカラーをなじませれば、グラデーションの美しい「大人の目もと」のでき上がりです。

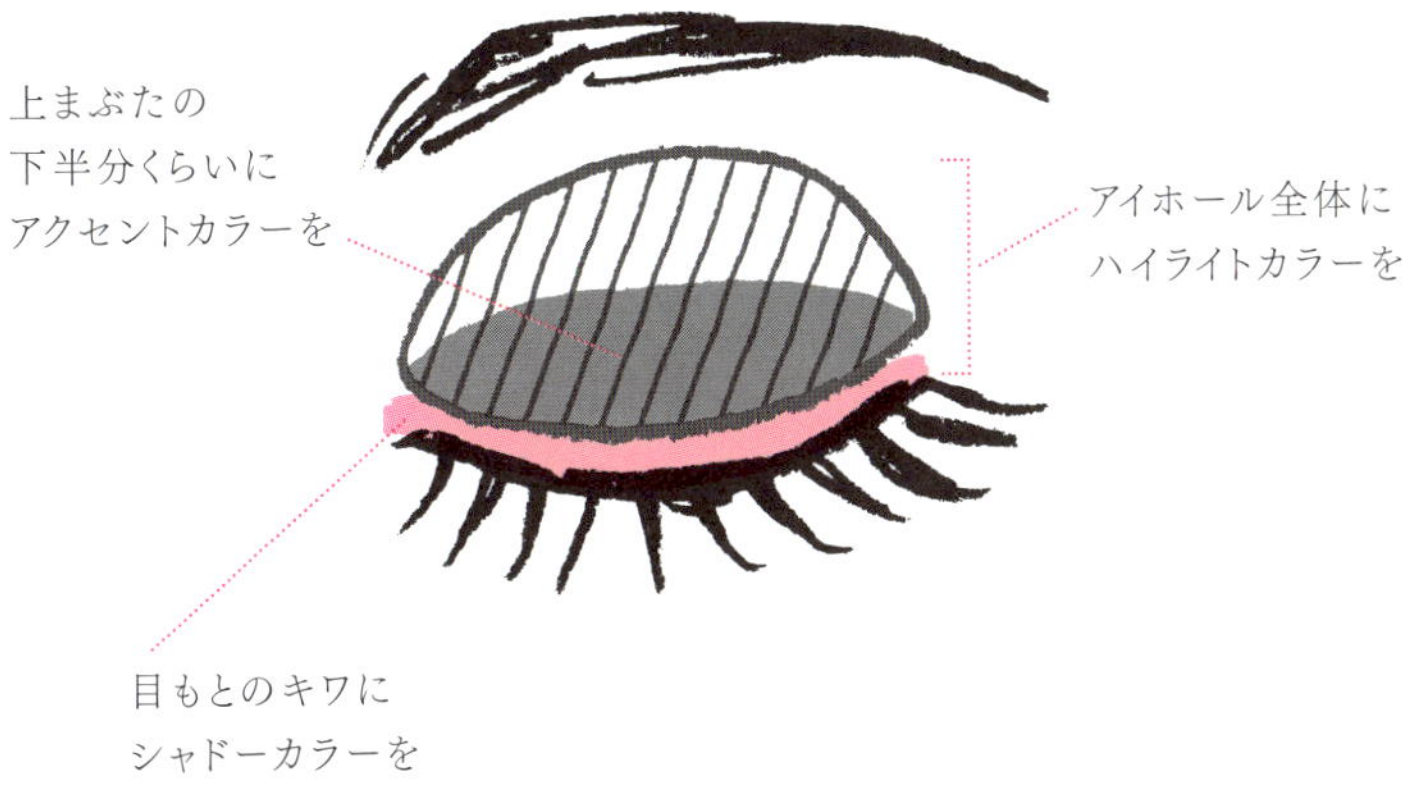

メイクがあまり得意ではない方は、アクセントカラーとシャドーカラーは同系色にして、濃淡をつけるのがいいと思います。

年をとるとどうしても「たるんでぼやけた目もと」を「シャープではっきりした目もと」にしようとして、ダークブラウンやダークブルー1色を上まぶたにも下まぶたにも濃く塗る方がいらっしゃいます。

ただ、これではかえって「私は目もとの老化を気にしています」とアピールするようなものです。

あたたかい印象の目もとを演出したいのであれば、オレンジやブラウンを中心に。クールで落ち着いた印象の目もとを演出したいのであれば、ブルーやグリーンを中心としたグラデーションでていねいに仕上げてください。

クマができたら、コンシーラーではなく明るめのファンデーションでカバー

からだに疲れがたまってきて、目もとにクマができてしまったとき、メイクはどうしたらいいでしょうか。

よくコンシーラーを塗っていらっしゃる方を見かけるのですが、これは「コンシーラーを塗っている」と、第三者の私がわかっているということです。つまり、その方のクマはコンシールされていない（隠されていない）ということ。

コンシーラーによって、かえってクマの存在が目立ってしまっているのです。

クマがひどい日は、シミと同じように、やはりファンデーションでカバーすることをオススメします。

顔全体に塗るファンデーションよりも若干明るめの色で結構です。それを目も

との気になる部分に、軽いタッチで「トントン」とたたきこんでください。

このとき、ファンデーションにほんの少しチークカラーを混ぜてみて。青グマにとても効果的です。

それと、目もとに何かを塗るときには、絶対にこするような塗り方をしてはいけません。薬指の腹で軽くトントンと与えるように。

「乱暴な扱い方は、必ずシワになって戻ってくる」

目もとに関しては、そのように肝に銘じておきましょう。

そもそもクマは血流が悪いためにできるのです。

メイクを始める前にホットタオルで目もとを十分に温めてあげる——そんな一手間も大切です。

肌の上にのせるものはなるべく少なくして、肌に負担がかからないよう心がけましょう。

アイラインは上下7対3の割合で入れる

アイラインもアイカラーと同じで、目もとの老化を気にしている人に限って、濃く太く描きがちです。またアイラインを入れることは入れるけれど、上まぶただけにヒュッと入れている方をよく見かけます。でも、これはとてもアンバランスに見えるものですから、やめたほうがいいでしょう。

そもそも、まつ毛の量が多く、目のきわの皮膚が張っている20代はまつ毛のきわがクッキリ見えます。アイラインは、それを再現するためにあるのです。

ですから、上まぶただけにアイラインを入れると、不自然に見えるわけです。

上まぶたのふちにも下まぶたのふちにもラインを足してあげてください。

このとき、「上ライン：下ライン」を「7：3」の割合で入れると、一番自然に見えます。**下ラインは目尻寄りに入れてください。**

ここで、アイラインをうまく描くためのちょっとしたコツをお伝えしますね。

それは、「肘《ひじ》をついて描く」というもの。肘をついて描くと腕が安定し、指先がフリーになりますから、アイライナーを持つ手が震えるのを防げるのです。

手が震えるとラインも震えてしまいます。そして、その震えたラインを修正しようとしているうちにアイラインはどんどん太くなってしまいます。

アイラインは肘をついて、顔を動かさず、手鏡を動かして描きましょう。

上ラインを描くときは、手鏡を下げてください。手鏡を下げれば視線も下がりますから、目のキワに上手にラインが描けるはずです。下ラインを描くときは、手鏡は少し上げ気味にすると、きれいに描けます。

まつ毛を上向かせるだけで目もとの印象が大きく変わる

「元気のいい顔」をつくるときは、まつ毛の効果も上手に利用しましょう。

まつ毛がまばらでクタッと下を向いていると、目もとはどうしても「覇気のない目もと」になってしまうもの。

まつ毛はマスカラできちんとメイクしてあげましょう。

マスカラを塗る前に重要なことは、まずビューラーでまつ毛をきっちり上向きにカールさせておくことです。

まつ毛はまっすぐ下に向かって伏し目がちに生えているもの。

この下向きまつ毛のままでは、マスカラを美しくつけることはできません。

まずは視線を下げて、ビューラーでまつ毛の生え際をきちんとはさみ、5秒くらい押さえてみてください。

このとき大切なことは、ビューラーのカーブと上まぶたのカーブを合わせることです。まつ毛の根もとがしっかりカールできたら（これが一番大事です）、徐々に毛先に向かってカールをつけていきます。

力をこめて無理にカールさせる必要はまったくありません。

最後に鏡で横顔をチェックして、まつ毛のカールの具合を確認してみましょう。

もしクタッと疲れている毛があったら、ビューラーでもう1回上向きに整えてください。

上まつ毛にマスカラをつけるときは、上側から先に

ビューラーでまつ毛をカールしたら、まず、上まつ毛にマスカラをつけます。
マスカラには次の2種類があります。

●ロングラッシュマスカラ

繊維入りで、まつ毛に長さを出すためのものです。

●ボリュームアップマスカラ

まつ毛を太く見せ、まつ毛にボリュームを出すためのものです。

どちらのマスカラを使用するかは、その日「どんな目もとにしたいか」によります。

上まつ毛にマスカラをつけるときは、次のような順番で行ってみてください。

(1) 上まつ毛の「上側」にマスカラ液をつける

目を伏せて、上まつ毛の「上側」にマスカラ液をつけていきます。まつ毛の先へ先へとなで下ろすような感じです。

ここでマスカラをたっぷりつけようとすると、せっかくのカールが元に戻ってしまうので要注意。マスカラ液を軽くつけるような感じで結構です。

(2) 上まつ毛の「下側」にマスカラ液をつける

さて、ここが肝心です。上まつ毛をマスカラのブラシで下から上へ、生え際から毛先に向かって持ち上げるように、マスカラ液をつけていきましょう。ブラシを回転させながらつけていくと、ボリュームが出ます。

（3）まつ毛用のコームで整える

マスカラ液が濃くつきすぎて、まつ毛同士がくっつき合ってしまったときは、まつ毛用のコームなどで、まつ毛をとかしながら落としていきましょう。

少しずつ修正し、まつ毛1本1本にマスカラ液が均等についているように仕上げるのがベストです。

①下目づかいで上まつ毛の上側にマスカラ液をつける

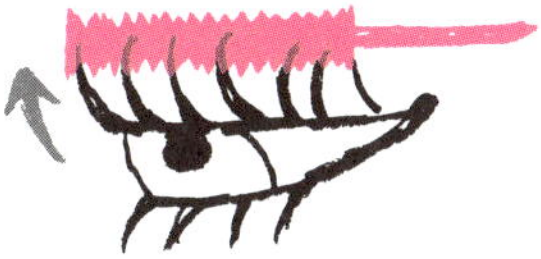

②生え際から毛先に向かって持ち上げるように、上まつ毛の下側にマスカラ液をつける

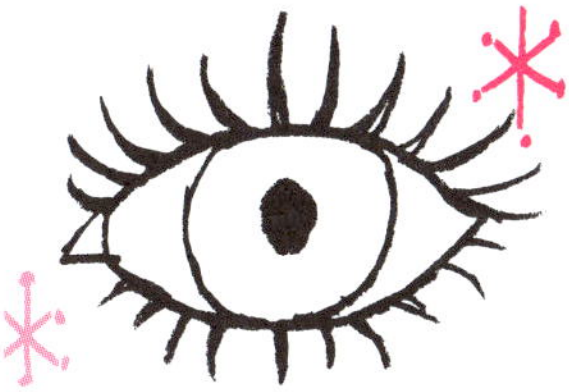

下まつ毛にマスカラをつけるときは、鼻の下を伸ばす

上まつ毛を整えたら、次は下まつ毛です。

鏡を少し上げ気味にして、上目づかいをしてください。

そしてちょっと鼻の下を伸ばし、マスカラのブラシを縦にして、マスカラ液をつけていきましょう。

鼻の下を伸ばすと、頬の肉も平らになりますよね。

そうすると、マスカラを塗っているときに、マスカラ液が頬についてしまうようなことも少なくなるのです（ちょっと他人には見られたくない姿ですが）。

最初はブラシを縦にして、毛先を左右に動かしながらつけていきます。その後、ブラシを横にして、今度は毛先の流れにしたがって、マスカラ液をつけていきま

す。

下へ下へと、ブラシをまわすようにしてつけてください。

そして下まつ毛にもきれいにマスカラをつけたら、一度鏡で目もとと顔全体を確認してみましょう。

上まつ毛も下まつ毛も少し太さが出ると、目もとには「目力《めぢから》」が生まれます。

普段メガネをかけるから、マスカラなんてつけてもつけなくても同じ……なんて言わないで。ぜひ多くの方に、マスカラテクニックを覚えていただきたいと思います。

眉頭、眉山、眉尻の位置で目もとのバランスを整える

眉はアイメイクの最後に描きます。アイカラー、アイライン、マスカラという順番でここまでアイメイクを仕上げてきましたね。

そのアイメイクとどのようにバランスを取るか。これも選択肢はさまざまです。

・仕上げてきたアイメイクのテイストに、眉も合わせる

たとえばアイメイクが柔らかい感じであるならば、眉もふんわり柔らかい印象になるように描いてみる。

・アイメイクよりも柔らかい印象にする

仕上げてきたアイメイクのテイストが強いときには、眉を柔らかい印象にする。これはますます目の強さを強調する方法です。

・アイメイクよりもシャープに引き締める

仕上げてきたアイメイクのテイストが淡いときには、眉でシャープに引き締める。これによって顔にはキリッとしたメリハリ感が出ます。

眉毛は、眉頭、眉山、眉尻の位置によって、見た目の印象もずいぶん変わります。順番に説明しましょう。

まず眉頭は、目頭の真上から始まるのが標準とされています。眉頭が目頭の真上よりも「内側」に入ってくると、顔はしまり、凛々しい印象になります。

しかしこれがあまりにも内側に入りすぎると、気の強そうな、きつい印象になってしまいますので、注意してください。

また反対に、眉頭が目頭よりも「外側」にあると、顔はおだやかで、のんびりした印象になります。

眉頭が目頭よりも外側で、左右の眉頭のあいだがあまりにも開きすぎてしまうと、とても間の抜けた印象にもなってしまうことを覚えておきましょう。

眉山の位置は、眉の長さの、眉尻から3分の1あたり（黒目の外側と目尻の直上の間）が標準とされています。

眉山が眉の中央にくる場合は、上昇線が強調されるので、顔を長めに見せたいときに効果的です。また眉山が眉尻寄りになると、顔幅が広いような印象になります。

最後に眉尻の位置ですが、眉尻が眉頭と水平の位置にあると、おだやかな、静かな印象になります。

眉尻が眉頭より上がり気味の位置にあると、キリッとした印象に。

逆に眉尻が眉頭より下がり気味の位置にあると、顔はやさしい印象になりますが、下がりすぎると、野暮ったい印象になりますから、気をつけてください。

眉毛は植えつけるように描くと、自然に仕上がる

大人はやはり、眉毛はこまめに手入れをすることが必要です。

眉毛の形を整える「トリミング」をしてみましょう。

まず、アイブロウブラシで眉をとかし、眉の毛流れをきれいにします。

ブラッシングには毛の新陳代謝を高める働きがありますから、白髪予防や育毛の効果も期待できます。

そして眉尻から眉頭に向かってアイブロウコームを入れ、コームからはみ出た長すぎる毛は、眉毛用のハサミでカットしていきましょう。

眉尻はコームを寝かせて短めに、そして眉山に向かうにつれてコームを起こしていき、長めに整えていきます。

眉の中央から眉頭にかけては、あまりいじらないで、自然な毛流れを生かすこと。

横顔を見てみたとき、眉毛の中央部分が一番盛り上がって見えるでしょう?

ここの部分の毛をカットしてしまうと、顔から立体感がなくなって、無表情でさびしい印象になってしまうのです。

次につくりたい眉の形を決めます。その際には、アイブロウペンシルで薄く輪郭を描いてもかまいません。

余分な毛は毛抜きできれいに抜きましょう。

眉の描き方ですが、アイブロウペンシルで眉を描いていくときは1本1本を植えつけるように描いていくことです。

描いたらアイブロウブラシでぼかす。これを繰り返してください。

ただの一本の線で眉を描いてしまうと、立体感のない、なんだかベタッとした眉になり、とても古くさい感じが漂ってしまいます。気をつけてくださいね。

眉毛は細く描いてしまうと、老けて見える

眉毛にはそのときの流行が現れるものです。

たとえば、１９９０年代後半には、非常に細いアーチ型の眉が流行った時期がありました。

この頃は多くの若い女性たちが「極細」の眉を描いていたと思います。細眉というのは本当に顔を〝大人っぽく〟見せるものです。

ただ、大人の女性になって、むしろ顔を若々しく見せたいのであれば、眉をあまり細く描くのはやめたほうがいいでしょう。

とくに注意したいのは「びっくり顔」の癖のある方。

こういう方は、細眉にしたり、強い色で眉毛を描いたりしないように気をつけ

てください。

「びっくり顔」というのは、要するに眉毛が上下によく動く顔ということです。

このタイプの方は、傍から見ると眉毛の動きがとにかく目立ちます。

できれば眉毛は黒ではなく、グレーなどであっさり描きましょう。また形も整えすぎないのが一番です。

そしてもし、実年齢よりも老けて見られることが多い場合は、どうしたらいいでしょうか。

そういう人は、眉毛は「なるべく水平に」「少し太めに」「少し短く」を意識して描くよう、心がけてください。

眉毛を整えたら、ノーズシャドーで顔に立体感をプラスする

ここでまたちょっと、プロの小技をご紹介しましょう。

眉毛まで描き終わったら、さらに〝ノーズシャドー〟で顔に立体感を持たせるというテクニックもあるのです。

ノーズシャドーは鼻のつけ根の左右に。位置的にはちょうど「メガネを引っかける部分」と覚えてください。

この部分にダークブラウンのシャドーカラーをのせます。

そして指先で目頭、上まぶた、眉頭へ。そして鼻先へとぼかしこんでいきましょう。

このようにして鼻のわきに影をつけ、アイカラーにもなじませていくと、鼻筋がスッと浮き立ち、顔に華やかさが加わります。

なお、鼻が短めの方は、眉頭に向かって縦長にノーズシャドーをぼかしこんでいきましょう。

反対に鼻が長めの方は、眉頭の方までシャドーを伸ばすことはありません。

目頭から上まぶたにかけて、シャドーカラーをなじませていくようにしてくださ
い。

ノーズシャドーは鼻のつけ根に。
そこから目頭、上まぶた、眉頭、
そして鼻先にぼかしこむ。

第4章

いくつになっても、女性らしさを捨てない

口紅はナチュラルな色を選んで、リップブラシで描く

目もとをていねいにメイクすれば、口紅はそんなに華やかな色を塗らなくてもいいと思います。全体のバランスを考えれば、口紅はむしろナチュラルな色で十分です。

１９８０年代の後半に、青みがかった濃いピンク色の口紅が大流行した時期がありました。

そのときの名残りでしょうか、いまの40〜50代には、けっこう華やかめの色を好む方が多いように思います。

でももう、そんなに〝色〟で頑張らなくても大丈夫。

口紅もチークカラーと同じように、自分の血色に近い色を選べばいいのです。そ

のほうが、全体が品よくまとまります。

唇の輪郭《りんかく》がぼやけてくる50代以降は、やはり口紅はリップブラシで描くのがオススメです。

少し口角を上げ、上唇の輪郭より若干内側にリップラインを描きましょう。そして下唇はやや厚みを持たせるよう、ふっくらと描いでください。そうするとふくよかな「スマイリングリップ」ができ上がります。

口紅を塗り終わったら、最後に三角にたたんだティッシュを軽くくわえ、唇の内側についた口紅を取っておきましょう。

これをやっておくと、歯に口紅が移ってしまうようなことはなくなります。

唇がカサカサなときはリップクリームとラップで「唇エステ」

ほかの皮膚と違って、唇には皮脂腺も汗腺もありません。

そして頬などの皮膚にくらべると非常に薄くて、外気の影響も受けやすいので、空気が乾燥している時期は要注意です。唇だけは過保護でいいのです。

唇がカサカサしているなと感じたときは、日中はリップクリームをこまめに塗って、唇に油分を与えて保護することが大事です。

そして夜、お風呂上がりにオススメなのが「唇エステ」です。

●唇エステのやり方

（1）唇にリップクリームをたっぷりと塗る
（2）リップクリームを塗った唇にラップのせて、1〜2分おく

これだけで、リップクリームの水分・油分は唇を保湿します。
すると唇がうるおって、簡単にプルプルな唇を取り戻すことができるのです。
リップクリームのかわりに、蜂蜜を塗るのも効果的です。

唇が乾燥して、割れていたりしていると、口紅を美しく塗ることができません。
普段から唇の保湿には十分気をつかうようにしましょう。

縦ジワの多い唇には、リップブラシでたたきこむように塗る

肌だけでなく、唇にもシワは刻まれていくものです。

唇に深い縦ジワが刻まれると、やはりその部分に口紅が入りこみ、色がにじみやすく、ムラにもなりやすくなってしまいます。

唇のシワが目立つようになってきたときは、リップブラシでたたきこむようにして、口紅を念入りにつけましょう。

そしてティッシュで押さえてからもう一度、同じようにまた軽くたたきこむようにつけてみてください。

また、とくに口紅がにじみやすい方は、少し硬めのリップペンシルで唇の輪郭を取ってから、中だけ口紅を塗ってみてください。

これをするだけで、だいぶにじみにくくなると思います。

口紅も、アイラインを描くときと同じように、紅筆やリップペンシルを持つ手の肘は、できれば固定したほうがいいと思います。

何かに肘をついて輪郭を描けば、しなやかで安定したラインが描けますよ。

口角が下がってきたら、口紅で口角を5ミリ上げて描く

若い頃はキュッと上がっていた口角も、年齢とともに下がってくるもの。「気がついたらいつも『への字口』になっていた」なんてこともあるでしょう。「への字口」は、他人からはちょっと機嫌が悪そうに見られがち。はっきり言って「損」以外の何ものでもないのです。

自分の口もとの老化が気になってきたときは、上唇の口角を5ミリ上げて描くようにすることです。

ほかの部分は5ミリも上げて描くとわざとらしさが目立ってしまいますが、口角だけはそのぐらい上めに描いても不自然ではありません。

また、下唇の中央部分は、ほかの部分よりも1～2ミリ、厚めに描いてみるのもオススメです。

この部分に厚みが出ると、ちょっと微笑《ほほえ》んでいるような、やさしい印象を与えることができるのです。

長い人生を楽しく生きていくには、まわりの人から「近寄りがたい人」などと思われないほうがいいでしょう？

たかが唇、されど唇なのです。

口紅の色は、その人の唇の色によって変わる

口紅の色選びは本当に楽しいもの。

でも、たくさんの色の中から自分の顔に合ったものを選び出すのは、大変な作業でもあります。

店頭できれいに見える色が、必ずしも自分の唇の上で「その色」を出してくれるとは限りません。

口紅を選ぶときは、必ずサンプルを唇に塗ってみること。

また、唇だけではなく、手の甲など自分の皮膚にも塗ってみて「自分の肌色」との相性を確認してみてください。

見た目とは違う仕上がりの口紅も、たくさんあります。

目立たない、暗い色みの口紅だなと思っても、実際に唇に塗ってみたら肌なじみがよく、顔に上品な美しさをプラスしてくれる製品だったということも多々あります。

また年を重ねるにしたがって、日々の健康状態によっても口紅の色の出方は変わります。

体調が悪くて、唇が黒っぽくなっているときは、そのまま口紅を塗っても色みが美しく出ないこともあります。

そんなときは、ファンデーションを顔に伸ばすとき、唇の上にも伸ばしてしまいましょう。つまり、唇の色の悪さを、1回ファンデーションでカバーしてから口紅を塗るのです。

50歳になったら、大切なのは「自分を少し客観視する目」。

これも、軽やかに生きる技術の一つです。

口角を上げるトレーニングで自然な笑顔を習慣に！

この章の終わりに、私が毎日やっている笑顔トレーニングも、ご紹介しておきましょう。

人間は加齢とともに皮膚がたるんでくるばかりでなく、筋肉も使わないと老化してどんどん硬直してきます。そうすると、口もとをちょっと動かしたくらいでは、笑顔に見えないことが多いのです。

私は30代のとき、自分が出演したテレビ番組の録画を見て、とてもショックを受けました。アナウンサーの方の話をうんうん頷きながら聞いているときの、私の機嫌の悪そうな顔ったら！

自分では口角を上げてにこやかにしているつもりだったのに、何という仏頂面。

もう、顔から火が出そうになりました。

「やっぱり普段から笑顔をつくる筋肉を鍛えておこう」

そう心に決めて、私が始めたのは、いつでもどこでも「い」と発音する口をつくること。

「い」と発音すると、口角がキュッと上がるでしょう？　そのあとすぐに普通に口を閉じてください。そしてまた「い」と発音して、口角をキュッ。これを2秒くらいずつ繰り返してみてください。

これは口角を上げる「口角挙筋《こうかくきょきん》」が衰《おとろ》えないようにするための筋トレ。名づけて「小林照子流・『い』の口トレーニング」です。

これは毎日何回という決まりはありません。料理をしながらでも、あるいは掃除をしながら行ってもかまいません。

また重要なのは「い」と発音する口の形ですから、声に出さなくてもいいのです。これならオフィスでキーボードをたたきながらでもできますよね。

「口角挙筋」を意識的に鍛えていると、滑舌《かつぜつ》もよくなってきます。

口もとの筋肉がよく動くから、明るくて聞き取りやすい声が出るようになるのです。

口もとが動かないと、ボソボソ声の暗い印象を周囲に与えてしまいがちです。

これはとても損なこと。周囲に「朗らかな人」という印象を与えるためにもぜひ、このトレーニングを始めてみてください。

一度に何十回もやる必要はありません。

以前、とても堅い職業の方にトレーニングの指導をさせていただいたのですが、その方は「い」と発音する口の形をつくるだけでも「顔が疲れる」とおっしゃっていました。

お仕事上、あまりニコニコしすぎてもダメ。でもその方は、普段ご自分があまりにも顔の筋肉を動かさないので、「もう使えなくなっている筋肉があるのではないか」と心配になって、私のもとに来られたのです。

普段使っていない筋肉は、そう簡単に動かなくて当たり前です。

まずは小鼻横から口角にかけてをクルクルと指で軽くほぐしてから、トレーニングを始めてもいいと思います。ゆっくりでかまいませんし、初めのうちは2〜3回行うくらいでいいのです。

そして毎日トレーニングしているうちに、スムーズに口角が上がる感覚がつかめるようになるでしょう。

口角の上がった明るい顔、そして明るい声は人とのコミュニケーションも円滑にしてくれます。

人間の顔は口角が下がっているとどうしても〝不満そうな顔〟に見えてしまうので、人が近寄りがたくなってしまいがちです。

でも口角の上がった笑顔は〝機嫌のいい顔〟に見えますから、人も話しかけやすいのです。

私もよく「いつも機嫌がよさそうですね」と言われます。

毎日機嫌がよさそうに見えたほうが、たくさんの人とコミュニケーションが取れて楽しいかなと思っています。

・いくつになっても、機嫌が悪そうに見られないこと

・いくつになっても、偉そうに見られないこと

適切なスキンケアとメイク術で美しさをキープできても、表情が乏しかったらあまり意味はありません。

この2つは人生を歩んでいく上で、本当に大切なことですよ。

第5章

印象反転で、なりたい自分に変わる

あなたはどんな人に見えているか？

「もしかしたら普段、自分はこんなふうに見えているかもしれないな」

こうことにも気を配れるようになると、メイクの仕上げ方もよりパーフェクトな形に近づきます。

そこでこの章では、メイクがつくり出す「印象効果」についてお話ししていきたいと思います。

どんな人も、年齢とともに顔は変わってくるものです。エイジングによって顔にちょっと「マイナスな印象」が出てくる方もいます。

でも誰だって「マイナスな印象」を定着させたくはないはず。

顔がだんだん痩《や》せてきたのなら、不健康そうに見えないようにメイクを駆使すればいいのです。

あるいは、周囲から「怒ってるの？」と聞かれたりすることが増えたなら、〝怒り顔〟に見えないようにメイクを工夫すればいいのです。

メイクはあなたという人を、正しく評価してもらうための大切な手段でもあるのですから。

〝いまの自分〟の印象をきちんと把握《はあく》するには、メイクをした顔をなるべくいろいろなシチュエーションで確認する癖をつけていくことが大切です。

そして自分の顔の変化には、敏感になること。

もし、いま気になることがある方は、どうぞ129ページからの「印象反転テクニック」を参考にしてみてください。

メイクによってマイナスの印象をプラスの印象に反転することは、決して難しいことではありません。

いくつになっても、人には、

「その人なりの」

「その年齢なりの」

魅力は必ずあるものです。

その魅力がきちんと生かされるように、そして毎日が楽しいことで満たされるように。

自分自身の「プラスの印象」を高めていきましょう。

●印象反転テクニック………その1

「性格がきつそう」「冷たそう」を「やさしそう」に変えるには？

頬が痩せてきたり、唇が薄く痩せてきたりすると、人の顔はとても〝きつい印象〟が増して見えるものです。

自分の顔をちょくちょくチェックすることも大事ですが、周囲の人の声に耳を傾けることも大切です。

「最近、ちょっと痩せた？」

「最近、ちょっと疲れているんじゃない？」

自分では〝いつもどおり〟のつもりでも、人から見たら、そうではない。そんなことはたくさんあります。

そんなとき「イヤなことを言われた」などと腹を立ててはいけません。むしろ

「言ってくれてありがとう」と感謝する話です。

顔が痩せてきて、自分でも「ちょっと神経質そうな顔になってきたな」と感じたときは、どうすればいいのでしょうか。

そんなときは、まず「眉と眉のあいだを開く」ということを、心がけてみましょう。

眉間が狭ければ狭いほど、他人からは「眉をひそめている」ように見えてしまいます。

「きつそうな人」「冷たそうな人」に見えないようにするには、眉と眉のあいだに〝目がもう一つ入るくらいの幅〟を開けること。

眉間を開けるとおだやかで、のんびりした印象が増します。

ただ、あまり開けすぎると「頼りない人」に見えてしまいますから、極端に開ける必要はありません。

また、眉毛自体はなだらかな曲線で、少し長めに描くようにしたほうがいいでしょう。

目もとはピンク系など、少し赤みが感じられるアイカラーを取り入れることをオススメします。

そして第4章でもお話ししましたが、上唇は口角を5ミリ上げて描くと、印象が柔らかくなります。

ちなみに、上唇の中央は輪郭よりもやや内側に描くこと。下唇はやや厚みを持たせて描くこと。

こうするとちょっと微笑んでいるような唇になり、顔が全体的にやさしい印象に変わります。

●印象反転テクニック………その2

「頼りなさそう」を「しっかりしていそう」に変えるには？

目もとやフェイスラインがたるんでくると、どこか頼りなさそうな感じに見えるものです。

これをしっかりしている印象に変えるには、唇の輪郭のライン、眉毛、アイラインといったすべてのラインを、少しシャープにすることが大切です。

柔らかい「曲線」ではなく、スッとした「直線」が生かされた顔を意識するようにしてください。

たとえば、眉は角度をつけて、眉山への上昇線をはっきり描くこと。

アイラインは上下ともに、目頭にもきちんと入れると、クールな印象がアップします。

また、目尻は少し上げ気味に描くようにしましょう。

唇は、上唇の中央の山型を少し角ばらせるような感じで描いてみてください。唇の輪郭はリップブラシでシャープに描いて、あまり唇がボテッとした感じに見えないようにすることです。

使用する色みは目もとも口もとも、なるべく同じ系統の色みで統一し、シックにまとめたほうがいいと思います。

ブラウン系などで若干抑え気味にまとめると、落ち着いた感じで、好印象になります。

●印象反転テクニック……… その3

「不健康そう」「さびしそう」を「元気そう」に変えるには？

顔が痩せたり、顔色の暗さが目立ってきたりすると、なんだか不健康そうで、さびしそうに見えるものです。

顔を健康的に見せるためには、まず眉毛をすっきりとカットしてアーチ形にするのがオススメです。

眉毛が長く、ボサボサと垂れ下がっていると、他人には暗い印象を与えてしまいます。

眉山の下で骨が出っ張っている部分を「眉弓骨《びきゅうこつ》」と言うのですが、この部分はムダ毛などがなく、きれいなハリがあったほうが、顔は明るくなります。

そしてまつ毛はきちんとカールしましょう。とくに目尻寄りをキリッとさせてください。**チークカラーは明るいオレンジ系の色などを使って、頬をつややかに見せましょう。**

それから、唇は鮮やかなピンクやローズの口紅を塗るよりも、むしろソフトで明るいオレンジベージュやピンクベージュの口紅で仕上げたほうがいいでしょう。

朝起きたとき、自分の顔色がどんよりしているように感じると、どうしても自分の肌より明るい色のファンデーションでカバーしたくなるものですが、それはNGです。

明るい色のファンデーションは、使えば使うほど、顔だけが浮き立って、全体とのバランスが取れなくなります。

肌はあくまで「ナチュラルテイスト」の範囲内でつくること。

これは脱・不健康顔の鉄則です。

印象反転テクニック………その4

「毎日、不満そう」を「毎日、楽しそう」に変えるには？

口角が下がってくると、多くの人が「不平顔」になってきます。「他人の言ったことに対して、言いたいことがありそうな顔」「イヤだなあと思いながら、しぶしぶ承諾していそうな顔」に見えてしまっているということです。

こうなると、周囲は周囲で「何なの、この人」と、勝手に腹を立てたりするものです。そんなところで誤解が生まれるのは、本当に残念なこと。

人間関係を上手に進めていくには、やはりつねに、にこやかで、なごやかな空気を醸《かも》し出すのが一番です。

顔をにこやかに見せるには、眉尻はなるべく下降気味にすること。そのほうがやさしく見えます。

またアイカラーは目尻寄りに、アイラインも目尻と下ラインを強調するようにします。そしてチークはにっこりと笑ったときに盛り上がる部分を中心にして、丸みを持たせた形にしてみましょう。

唇は、柔らかい曲線的なラインを大事に描いてみてください。ここでも上唇の口角は5ミリ上に描くこと。そして下唇の中央は1～2ミリ厚めに描く。

このテクニックをすべて結集すると、顔はだいぶやさしい印象になるはずです。

それから、笑顔は少しオーバーなくらいを意識しましょう。

50代以降になると、自分では笑っているつもりでも、傍から見たらムスッとふてくされているように見えることがあるものです。

そのため、「ちょっと笑いすぎかな」と自分で思うくらいに表情筋を動かして笑うほうが、印象としてはいいでしょう。

「笑う門《かど》には福来《きた》る」と言いますが、「福」が来るのは「楽しそうに生きている人」の元と思いますよ。

第三者からの印象分析を取り入れて、なりたい自分をデザインしていく

本当のところ、いまの自分の第一印象とはどんな感じなのだろう。

自分1人だけだとなかなか客観的に判断できないだけに、これはやはり気になるところですよね。

私は独自の印象分析システム『和＝美（ワナビ）』も開発しています。『和＝美』では、客観的に、目鼻や顔の形などをチェックすることで、その人の印象を12タイプから分析します。

この分析によって顔の造形のプラス面やマイナス面を理解できますし、自分にマッチした演出方法もわかりやすくなります。

和＝美はウェブ上（美・ファイン研究所のホームページhttp://www.be-fine.

net/）でも行えますし、実際に美容のプロに会って相談することも可能です（＊『和＝美ラボ』と言います。『和＝美ラボ』は女性も男性も利用できますが、完全予約制です）。

また、［フロムハンド］メイクアップアカデミー パーソナルビューティサロン（https://coupdecoeur.fromhand.co.jp）でも、メイクレッスンを行っています。

人の印象は、出会って6秒で決まるという説があります。

その6秒を大きく左右するのはやはり「顔」以外の何ものでもありません。ときには第三者の意見を取り入れて、自分をよりよく理解し、自分の魅力が最大限に生かされるように、メイクの微調整をしていくことも必要です。

〝なりたい自分〟に近づいて、これからの人生を〝思いどおり〟にデザインしていきましょう。

第6章

美しい髪で、自信をキープする

シャンプーの前にやっておきたい「頭皮の毒出しマッサージ」

「第一印象」ということを考えると、やはり髪も目立つもの。

抜け毛や薄毛の対策として私がぜひオススメしたいのは、頭皮マッサージです。人の頭髪というものは、平均で約10万本もあります。頭皮ではつねに皮脂分泌がさかんに行われているので、毎日しっかり汚れを落とさないと、皮脂や汚れはどんどん毛穴に詰まっていきます。

毛穴が詰まると、頭皮の血流も滞《とどこお》ります。そして髪の成長も遅くなって「薄毛」になったり、「抜け毛」が増えるというトラブルにつながっていくのです。

毎日シャンプーをしているから大丈夫、と思っている方も多いと思います。

しかし頭皮からは顔の皮膚の何倍もの皮脂が分泌されていますので、普通にシャンプーしただけでは、頭皮の毛穴の汚れまできれいに落とすことはできません。

そこで、シャンプーの前に頭皮マッサージをしましょう。

頭皮をゆるめ、頭皮の血行をよくして毛穴を開き、汚れが落ちやすくするのです。

頭皮マッサージはぜひ、夜の入浴タイムなどに実践してみてください。長い時間をかけて行う必要はありません。長くても5分を目安にしてください。

具体的なやり方は、次のようになります。

(1) 湯船で首や肩を軽く揉む

まず湯船などにつかりながら、首や肩などを軽く揉んでおきましょう。からだもリラックスできますし、その間に皮脂が分泌され、そのあとのシャンプーの効果が高まります。

（2）こめかみをマッサージする

まずマッサージするのは「こめかみ」です。親指のつけ根のふくらんだ部分をこめかみにあて、目がつるくらいに力を入れて引っ張り上げてください。

そしてそのまま力を入れて上に引き上げ、ゆっくり後ろに向かって手をクルクルまわしながら、側頭部をマッサージしてください。

（3）頭のてっぺんのツボを刺激する

頭のてっぺんのくぼみ「百会《ひゃくえ》」のツボ（このツボの効果は次の項目で説明します）を刺激します。左右の手を組み、どちらかの親指第一関節を軸に、真下に向かってグーッと指圧します。

（4）指でトントンと頭皮をたたく

頭頂部から頭全体を刺激していきます。両方の手を頭の上にのせ、10本の指でトントンと頭皮をたたいていきます。なるべく力を抜くようにして行いましょう。

（5）円を描くようにゆっくりマッサージ

さらに頭全体を刺激します。髪の中に手を入れて、地肌に指の腹をあててください。その指先に力を入れて、同じところで円を描くようにゆっくり動かします。

1か所につき3～5秒が目安です。全方向、生え際から頭頂部に向かって少しずつ指の位置を変えながら、頭全体をマッサージしていきましょう。

（6）首のつけ根をほぐす

頭皮マッサージが終わったら、首のつけ根をほぐして終了です。

あごを下げて両手を組み、バネのように動かしながら後頭部にあてて、親指の腹を使って首のつけ根をグーッと押します。息を吐きながらゆっくり力をこめて押してみましょう。

そして親指で、首のつけ根からぼんのくぼ（首のうしろの少しへこんだ部分）までを指圧します。少しずつ場所をずらしながら、行ってみてください。

この頭皮マッサージが終わったら、シャンプーです。

シャンプー剤を髪につけたら、再び指の腹を使ってマッサージする感覚でていねいに頭皮を洗ってください。

すすぎ残しによる、頭皮や髪のトラブルもけっこう多いもの。3～4分くらいかけて、しつこいくらいにすすぐことが大切です。

疲れたときは頭のてっぺん、百会のツボを刺激する

東洋医学においては、頭部はツボの宝庫です。

ツボを刺激すると血液やリンパの流れがよくなり、頭皮や髪の毛はもちろん、全身の不調が改善されていくと言われています。

とくに先ほど頭皮マッサージの中でご紹介した「百会」のツボは、からだ中のエネルギーの流れを調整する場所と言われています。

百会があるのは、頭のてっぺんのくぼみ。

両耳の頂点の延長線と眉間の中心の延長線が頭上で交わるところにあります。

日中でもからだの疲れや目の疲れを感じたときは、この百会のツボを親指の第一関節の骨でグーッと刺激してみましょう。

ここを押してコリを取ると、からだ全体のバランスが整い、頭もからだもすっきりします。

自律神経の失調にも効果があると言われていますから、心身ともにリラックスできるでしょう。

ストレスや疲れがたまってくると、頭皮もガチガチにコリ固まります。そうすると、頭皮の血行だけでなく、顔の血行もリンパの流れも悪くなってきます。

このような負の連鎖を生まないためにも、百会のツボは気づいたときに、ちょくちょく押すようにしましょう。

月に1回、頭皮にも温冷ケアがいい！

ホットタオルを使った「温冷美容」は、頭部にも使えます。

ホットタオルで温めることで頭皮の毛穴が開き、皮脂・汗の分泌が促《うなが》されますし、血行がよくなるので頭皮の状態もよくなります。

この「温ケア」を行ったあとに霧吹きで「冷ケア」をすると、毛穴がキュッと引き締まります。

毛根へのよい刺激にもなりますので、頭皮をさらに良好な状態に導くことができるのです。

【用意するもの】

薄手のフェイスタオル3枚、中に氷水を入れた霧吹き

（1）頭皮の温ケア

フェイスタオル3枚のうち、2枚を水に濡らして絞ります。それを耐熱皿にのせて電子レンジの中に入れ、1分ほど温めてホットタオルにします。

タオルを縦半分に折って、頭の後ろから巻き、額の上で重ねて、一方を内側に折りこんで留めます。

次に2枚目のタオルも同様に、上から二重に巻きます。3枚目のタオルは保湿のため、乾いたまま、さらに巻きます。

（2）頭皮の冷ケア

頭皮が温まったらタオルをはずして、あらかじめ氷水を入れておいた霧吹きで頭にスプレーをします。そして一気に頭を冷やします。

髪の毛が薄くなりがちな頭頂部も忘れないようにスプレーしましょう。これをすると毛穴が引き締まると同時に、毛根まで冷えてよい刺激になります。

私自身、この頭皮の温冷ケアはもう何年も続けています。冷ケアが終わって少しすると、頭皮がポカポカとしてとても心地よくなってきます。温かくしたあとに、冷たくして、という刺激はやはり頭皮にも必要なようです。おかげさまで私の髪は、84歳になった今でもコシがあって元気。このケアはこれからも、続けたいなと思っています。

落ちにくい汚れを一気に取る「オイルケア」のススメ

最近肌とともに髪を褒めていただくことが多いので、調子に乗って、もう1つ私のオススメケアをご紹介したいと思います。

それは「オイルケア」です。これはオイルマッサージと温ケアを組み合わせて行います。

使用するのはオリーブオイルや椿油、ホホバオイルなど、天然のオイル。これらのオイルは人間の皮脂と組成がよく似ているので、皮脂の汚れとよくなじむ性質があります。

そのため、頭皮マッサージやシャンプーでは落ちなかった汚れも取り去ることができるのです。これもできれば月に1回くらいトライしていただくといいと思います。

【用意するもの】
オイル（オリーブオイル、椿油、ホホバオイルなど）、薄手のフェイスタオル2枚、バスタオル1枚、シャワーキャップ、シャンプー、ドライヤー、ブラシ

（1）オイルを頭皮に広げる

オイルを少しずつ指にとって、頭皮全体に広げていきます。オイルが頭から垂れてこない程度に広げてください。

（2）オイルをなじませる

頭皮全体にオイルが広がったら、指の腹で頭皮をマッサージしながら、頭皮になじませていきます。

とくに汚れがたまりやすい額の生え際、うなじなどはていねいに。特に頭頂部は毛穴から汚れを揉みだすようなイメージで行ってください。

(3)ホットタオルで温める

フェイスタオルを2枚、濡らして絞り、耐熱皿にのせて、電子レンジで1分程度温めます。

温めたタオルを縦半分に折り、頭の後ろから包むように巻きます。そして額の上で内側に織りこんで留めます。温めたもう1枚のタオルは四つ折りのまま頭頂部に当てます。

(4)シャワーキャップでさらに頭皮を温める

熱めのタオルを二重に当てた上にシャワーキャップをかぶり、さらに頭皮を温めます。これを行うとスチーム効果で毛穴が開き、汚れが浮き出てきます。

(5) バスタオルを巻く

さらに保温効果をアップするために、シャワーキャップの上からバスタオルで頭をくるんでください。

この状態で5～10分すると、毛根までオイルがしみこみます。タオルを何枚も頭に巻いていますから、首が疲れないようソファなどでリラックスして行ってください。

(6) シャンプーで2度洗い

タオルとシャワーキャップをはずし、シャンプーでオイルと汚れを落としましょう。

1度目は頭全体を揉み洗い。髪にオイルがたっぷりしみこんでいますから、泡はそれほど立ちませんが、あまりゴシゴシ洗うのはやめましょう。そして2度目のシャンプー塗布。2度目は頭皮を指の腹でマッサージしながら洗います。

そのあとよくすすいで、溶けだした毛穴汚れとともにオイルをすっきり洗い流しましょう。

(7) 仕上げ

オイルで髪はしっとりしています。コンディショナーをする必要はないでしょう。タオルで髪の水分を拭き取ったら、ドライヤーで頭皮と髪を乾かして仕上げましょう。そして最後にブラシで髪を整えてください。

これは家で行う「スペシャルエステ」です。毛穴汚れを取り去り頭皮を健康に保つことは、顔のたるみ改善にもつながります。

頭皮と顔の皮膚はつながっているので、頭皮がたるんでこないようにすれば、なだれのように顔がたるんでくることもないのです。

オイルケアで、健康な頭皮と、ツヤのある髪と、ハリのある肌を守っていきましょう。

二重あご防止には「あごたたき」が最適

顔のたるみケアとして、「あごたたき」もオススメです。

年齢とともに、どうしても、顔の肉は下へ下へと下がってきてしまいます。

「二重あご」という言葉がありますが、二重あごは何もあごの先端部分だけが厚くなってくるわけではありません。耳のごく近くから、お肉がブルンとたるんでくるのです。

フェイスラインが下にたるんでこないようにするには、マッサージクリームをたっぷりつけて「あごたたき」をすることです。

重力に引っ張られて下がってくるものをひきしめて、〝垂れ下がりの癖〟をつけないようにするのです。

(1) あご先から引き上げる

あごを両手の平ではさみ、あご先から耳のほうに何回か引き上げてみましょう。

(2) あご下をたたき上げる

そして両手首の力を抜いて、回転させながら手の甲で、あご下をたたき上げてみましょう。

上へ上へ、ピンピン音が出るくらいにたたいてください。

両手の手の甲で片方の耳下から反対側の耳下まで顔を左右に動かしながらたたきます。

あごはどれだけケアをしているかによって、たるみ方がまったく変わってきます。マッサージをするとき、この「あごたたき」を忘れずにやっておきましょう。

50歳になったら顔のケアより、首のケア！

顔のスキンケアは若い頃からしていても、首のケアには気をつかったことはない。そんな人も多いことでしょう。

でも、首も顔と1枚の皮膚でつながっています。首にも深いシワがつかないよう、毎日きちんとケアをしてあげましょう。

首のマッサージをするときは、上を向いて、親指以外の4本の指をそろえ、あごの下に置いてください。

そしてフェイスラインのあたりから、首すじを上から下に向かって、軽いタッチでなで下ろしましょう。

首も乾燥は大敵です。

マッサージクリームやクリームをたっぷりなじませてケアをしてください。

また、首のシワ防止には普段から姿勢にも気をつかうことです。

ずっと前かがみでスマホを操作する「スマホ首」は、首にどんどんシワをつくっているようなものです。

首は顔よりも「老化のサイン」が目立ちます。

実年齢よりも老けて見られないように、首の取り扱いには十分ご注意を！

第7章

自分スタイルで、幸せ度を上げる

大人の女性に必要なのは「相変わらず」と「幸せ癖」

さて、大人のスキンケアとメイクをゼロから学び直してきましたが、いかがでしたか？

いまは高齢になっても現役で働き続ける人も多い時代です。

毎日忙しくて、スキンケアを見直したり、メイクアイテムやメイク方法を変えるなどということはどうしても後まわしになっていたという方も多いのではないでしょうか。

でも、

・ちょっとだけ、自分を客観視してみる

・ちょっとだけ、いままでよりていねいなケアを心がけてみるこの2つを意識するだけでも、メイクの〝ノリ具合〟も、顔の描き方もずいぶん変わってくるはずです。

自分の肌に毎日ていねいに触れていると、肌に対する愛情が生まれます。肌に対する愛情は、一つひとつの美容動作にも現れ、顔の描き方がていねいになります。

ていねいにメイクされた顔には、やはり余裕が生まれます。余裕は「心の気品」となって、まわりの人に伝わっていきます。

品のある人のまわりには、同じように品のある人が集まってくることでしょう。毎日をていねいに生きる気持ち、人にやさしく接する気持ちをいつも忘れない人が集まってくるのです。

そこにあるのは〝プラスの気〟。プラスの気は、人生のプラスになるつながりを生み、人生が確実に好転するようになってきます。

メイクはハッピーな人生を必ず後押ししてくれる。

そんな願いをこめて私がプロデュースしている化粧品ブランドがあります。

その名は『ハッピーメイク』。

人生にはいい日も悪い日もあります。でもたとえいい日でなくても、人に「この人、疲れているのかしら？」「もしかして、いま怒っているのかしら？」なんて余計な気遣いをさせてはいけません。

大人はいつも〝相変わらず〟でいることが大事です。いつも明るくイキイキとした肌で、ハッピーな空気感を演出していきましょう。

ハッピーは必ず、ハッピーを呼びます。

そして毎日ハッピーな笑顔を絶やさなければ、〝幸せ癖〟が身について、心の持ち方も変わってきます。

私は美容研究家であるとともに経営者でもあるので、毎日多くの方々にお会いします。

不思議なことに、必ず皆さんが褒《ほ》めてくださるのは私の「笑顔」です。

いつも笑顔でいると、たとえ仕事でちょっと予想外のことやトラブルなどがあっても、

「ああ、よかった。ここでいったん、ものごとを違う角度から考え直すことができるわ」

「これはピンチじゃないわ。むしろ、もっとよくなるチャンスよ」

と、前向きに捉《とら》えられるようになります。

普段から「幸せ癖」が身についていれば、多少のことは自信を持って乗り越えられるのです。


毎日の「きれい」を大事にしていきましょう。

ていねいに生きていきましょう。

笑顔を大切にしていきましょう。

そうすればきっと、人生は好転しつづけるはずです。

デコルテを見せるファッションは、明るい印象を与える

顔を明るい印象にするためには、毎日のファッションでもできることがあります。たとえば、首もとから胸もと、つまり「デコルテ」をすっきりと見せる服を選んで着るだけでも、印象がグッと変わります。

冬は寒いとついつい、タートルネックのインナーの上にタートルネックのセーターを重ね着したくなりますよね。でもデコルテを完全に隠してしまうファッションは、顔を暗くしてしまいがちです。

顔写真を撮るときに、顔の下に反射板を置くと色が白く写りますが、デコルテを出すことで、同じような効果が得られるのです。

年齢とともに、どうしても「寒いから」「急に太ったからだを隠したいから」と、

私たちはからだを隠しがちです。

でも「他人に見えているかもしれない」という緊張感を持たないようになると、ボディラインはすぐにだらしなくなっていきます。

「いいや、服でカバーすれば」

「ちょっと太っているくらいが健康にはいいのよ」

そんなふうに、だんだん自分を正当化するようになり、心の持ち方もラクなほうへ流れていってしまうからでしょうね。

首もとも胸もとも、顔の延長線上にあるものです。首も胸も、顔とセットで考えましょう。

きれいな首すじ、きれいな鎖骨《さこつ》まわりは、大人の美しさの象徴です。

前章でもお話ししましたが、顔だけでなく首もとも、乾燥ジワなどが目立たないよう、毎日、乳液などでお手入れしましょう。

うるおいに満ちたデコルテは、ハリがあって美しい反射板。その反射板から光を集めて、顔を華やかに見せるようにしましょう。

50歳になったら、メガネが顔の一部になる

私は、メガネは顔のアクセントとして、とても重要な役割を果してくれるアイテムだと思っています。

年齢とともに目もともだんだんたるんできます。そうすると、目もとのシャープで明るい印象が薄れてくることもあります。

そこで、メガネでキリッと顔を引き締めることも大事なのです。

また、視力が落ちてくると、どうしても目を細める癖がつきがちです。でもこの癖というのは、人の印象を悪くするものです。

老眼で眉間にシワを寄せながら文字を読むというのも、あまりかっこいいものではありません。

メガネも、スカーフやアクセサリーと同じ感覚で、さまざまなデザインのものを取り揃えてみるのも、けっこう楽しいものですよ。

私はいつも「カムロ」というお店でメガネをつくってもらっています。銀座と青山にショップがあり、ファッション業界や美容業界にもこのお店のファンはたくさんいます。

まず、びっくりするほど軽い。顔との一体感はどんどん進化しているように思います。

また、フレームのカラーバリエーションが２００色以上あるので、選ぶのがとても楽しいです。

メガネのテンプル部分（柄）も花模様のものがあったり、ラインストーンがちりばめてあるものがあったり。

ここでメガネを新しくするだけで、おしゃれ魂が刺激される方も多いはずです。

そしてここの社長令嬢である禿《かむろ》愛子さんは、じつは私のメイクアップアカデミーの卒業生です。

メイクアップアーティストでもある禿さんに見立ててもらうメガネには、私はいつも200％満足しています。

アイカラーやマスカラで目もとを美しくメイクすることも大切ですが、いつも気合いの入ったアイメイクでなくてもいいはずです。

ナチュラルなアイメイクなのだけれど、メガネというアクセサリーで顔をきちんと明るく見せる。

〝脱・しょんぼり顔〟のテクニックはたくさん覚えておけばおくほど、人生が楽しくなります。

SNSや自撮りで自分の最新の姿をチェックしてみよう

インスタグラムやツイッターなどのSNSはやっていますか?

私はインスタも、ツイッターも、フェイスブックもやっています。

仕事で講演会やイベントなどに出させていただく機会が多いので、自分の会社のスタッフに一日の流れを撮ってもらってアップすることも多いです。

また、イベントなどに来てくださった方が私の写真をご自身のSNSにアップしてくださることも多いです。

写真に写った自分の姿を見てつくづく思うのですが、やはり「自分の姿・最新版」というものはこまめにチェックするのが一番ですね。

「あら、髪の毛がパサパサしてる。オイルケアをしたほうがいいわね」
「そうか。この服、イベントとかで着るときには、もっと大きめのブローチをつけないとさびしい感じに見えるのね」
「今日の口紅には、違う色のチークを合わせたほうが、顔がもっと明るくなったかもしれないわ」

写真を見直してみると、そんなふうにして「自分をベストに導いていく方法」をすぐに練ることができます。
また、写真にあまりにも「不用意な姿」が写っていたときには、己の姿を見て自分に「活《かつ》」を入れることもできますから。

心の老化も、姿かたちの老化も、「野放しにしない」ことが一番大切です。

SNSを見たり、写真などを整理していくのはいつも真夜中になってしまいますけれど、私は自分で「今日の照子」を、けっこう楽しみながらチェックしています（笑）。

あなたも、ぜひ「今日の私」をスマホでたくさん撮ってもらうようにしてみてください。

あるいは自撮りで、自分の姿を残していってもいいでしょう。

ＳＮＳなどにのせないまでも、スマホで自分の姿を確認することは、今後の美容対策のために必ず役に立つと思います。

なにより、イキイキとした笑顔の自分を見ることで、毎日が楽しくなっていきますよ。

どれだけ年齢を重ねても、美意識と自分らしさを失わないで

写真を撮るようになると、自分の姿勢に気づくようにもなります。

「こんなに猫背になっていたなんて」

「こんなに膝が曲がっていたなんて」

思っていたのとは違う自分が、そこに写っていることが多いのです。

年齢とともに、どうしても姿勢を保持する筋肉は衰えていきます。そうすると

だんだん背中も丸くなってきて、多くの人が「猫背」になりがちです。

でも、猫背というものは本当に人を〝老いた感じ〟に見せてしまうもの。どんなに肌を美しく保っていても、そしてどんなにきれいにメイクをしていても、大人の女性が猫背で歩けば〝プラス10歳〟に見えてしまいます。

姿勢には、その人の「生き方」が現れるものです。

「これが私」という強さを貫いている人は、前かがみの姿勢などには決してならないはず。

もし自分の姿が急速に猫背気味になってきたときは、要注意です。

「猫背」はたしかにラクかもしれません。でも、その姿は決して美しくはないのです。

年齢を重ねても、失ってはいけないのは美意識です。そして自分の生き方に対する自信も大切なものだと私は考えます。

他人と自分の生き方をくらべたり、学歴や職業や肩書や住んでいる家の大小やらで、自信をなくしたり、自分はダメだなあ、うちはダメだなあなんて嘆く必要はないのです。

あなたは、あなたにしか歩めない人生を歩んできたのです。

だからこれからも、あなたは、あなたにしか歩めない人生を、一歩一歩、着実に歩んでいけばいい。そしてあなたの歴史をあなた自身であなたの顔に刻みこんでいけばいい。

「もういいの」「私なんて」「どうせ」――なんて、言わないで。

あきらめることはいつでも簡単。
「きれい」でいようという意識を捨てることも簡単です。
でも、どんな人も、その時代を構成する人なのですよ。
どんな人も、その街の風景の一つなのですよ。
その〝存在のしかた〟がどうでもいい人など、いないのです。
存在するのであれば美しく存在したいではないですか。
この世に生きている限り。

おわりに

いくつになっても、きれいな自分で、人生は再スタートできる

いま自分の人生を振り返ってみると、50歳の頃は本当にきつかったなと思います。

私は50歳のとき、化粧品会社の役員になりました。部下は50人、仕事は毎日束になって降ってくる。

そんな中、自分のからだは更年期の真っ只中。毎日めまいと闘いながら、仕事に出かけていました。そして「とても輝いている自分」と「どうしようもなく落ちこんでいく自分」のあいだで、いつも葛藤《かっとう》を抱え、焦燥感《しょうそう》にかられ、「いったい出口はどこにあるんだろう」と悩む毎日でした。

そんな私に一つの決意が生まれたのは、55歳のときです。

「もう、こんなに忙しい私ではダメだ」

「抱えきれないものを抱えすぎていてはダメだ」

「自分の夢に向かってまっすぐ生きなきゃダメだ」

「私が一番力を注ぎたいのは、『人を育てる』ということだ」

「会社をやめよう。『本当の美容はこれだ！』という学校をつくろう」


そして私は56歳で独立をし、自分の会社を設立しました。

後進のメイクアップアーティストを養成する『フロムハンド 小林照子メイクアップアカデミー』を開校したのは、その3年後のことです。

56歳で独立起業するのは、とても勇気のいることでした。

でも、もしあのとき行動を起こしていなかったら、私はたぶん一生後悔をしていたと思います。

いまの私は、自分という存在を愛おしく感じることができますが、きっとそんなふうに思えてもいなかったでしょう。

人が本当に自分のやりたいことに走り始められるのは、じつは50代からではないかと私は思います。

20代で経験してきたこと、30代で経験してきたこと、40代で経験してきたこと。それはその人にとって大きな財産になっています。

「私は主婦だけやってきましたから」「私は家で子育てだけやってきましたから」なんて、おっしゃらないでくださいね。

主婦をやってきた方は、立派に主婦をやってこられたのです。

子育てをやってこられた方は、立派に子育てをやってこられたのです。

その経験があなたの財産。その経験の中に喜びも、悲しみもあるでしょう？

それを50代のときに一度、整理してみるといいと思います。

いまの時代、その経験を生かしたビジネスを始めることだって、いくらでもできるのですから。


自分の人生の中で「喜び」だったこと、「楽しかったこと」って何だろう？

反対に「悲しかったこと」って何だろう？

それぞれ一度、書き出してみてください。そしてその次に「楽しかったこと」に焦点をあててみましょう。「楽しかったこと」の1位から5位まで書き出し、1位だったことを突き詰めてみるのです。


私は「人を育てること」が一番楽しかった。育った人が私の行けない世界に行って、その世界を見せてくれますから。そこで何を教えるのが楽しいかを突き詰めていったら、自分がこれからやるべきことが全部はっきり見えてきました。だからこそ、私は次の一歩を踏み出せたのです。

人生にはやはり「身辺整理」をする時期が必要なのでしょうね。

人は夢中で生きているうちに、自分の人生の目標が見えなくなってしまうときがあります。また、昔はたしかに「やりたいこと」があったはずなのに、そこからどんどん違う方向に人生が流れていってしまうこともあります。

でも、もしも「これは違う」と思うことがあるのであれば、根本に立ち返って新しい人生をスタートすることも、私は大事なことだと考えています。


50代は経験という財産をもとに、本当に楽しいことを始められる年齢です。

楽しい人生は、誰かが運んできてくれるわけではありません。

楽しい人生は、あなた自身が創り上げていくのです。

愛してあげてください、あなた自身の人生を。

そしていつも、自分の人生が愛せるあなたでいてください。

そのために「美容」が少しでもお役に立ったのであれば、私にとってこれほど嬉しいことはありません。

小林照子

小林照子（こばやし・てるこ）

1935年生まれ。美容研究家・メイクアップアーティスト。

戦中から戦後にかけ、生みの親、育ての親、義理の親ら5人の親に育てられるという少女時代を経て、上京。保険外交員の仕事をしながら、美容学校に通う日々を送る。

その後、化粧品会社コーセーにおいて35年以上にわたり美容について研究し、その人らしさを生かした「ナチュラルメイク」を創出。時代をリードする数多くのヒット商品を生み出し、一世を風靡する。また、メイクアップアーティストとして、広告・ショー・テレビ・舞台など、女優から一般の女性まで何万人ものイメージづくりを手がけ、どんな人でもきれいに明るくすることから「魔法の手」を持つ女と評される。91年、コーセー取締役・総合美容研究所所長を退任後、56歳で会社を創業、美・ファイン研究所を設立する。独自の理論で開発した「ハッピーメイク」はマスコミの話題となり、94年、59歳のときに、［フロムハンド］小林照子メイクアップアカデミー（現［フロムハンド］メイクアップアカデミー）を開校。以来、学園長として数多くのメイクアップアーティストやインストラクターを世に送り出す。

2010年、75歳のときに、高校卒業資格とビューティの専門技術・知識の両方を取得できる新しい形の教育機関、青山ビューティ学院高等部を本格スタート（現在、東京校と京都校がある）。多感な高校生たちの教育に情熱を傾け、若者の夢と情熱を応援しながら、未来の担い手である人材の育成を行っている。84歳を迎えたいまなお、スケジュール帳には余白がないほど予定を詰め込み、あらゆるビューティビジネスに向けてのプランニング、コンサルティング、社員研修に携わるほか、ボランティア活動も積極的に行っている。近年ではとくに「医療」と「美容」の関係に注目した活動を行っており、「医・美・心研究会」では代表世話人として、メイクセラピスト養成講座を開講。医療・美容・心理学を習得した100名を超えるメイクセラピストを送り出し、現在はナース＋ビューティケア（N＋BC）の活動に取り組む。著書多数。

50歳から始める「きれい！」の習慣

2019年11月1日　初版第1刷発行

著　者　小林照子
発行人　櫻井秀勲
発行所　きずな出版
東京都新宿区白銀町1-13　〒162-0816
電話　03-3260-0391
振替　00160-2-633551
http://www.kizuna-pub.jp/
ブックデザイン　福田和雄（FUKUDA DESIGN）
印刷・製本　モリモト印刷

　ISBN978-4-86663-090-8